中国教育服务公私合作研究

——基于地方政府管理的视角

刘青峰 著

ZHONGGUO JIAOYU
FUWU
GONGSI HEZUO
YANJIU

人民出版社

自　序

　　20世纪70年代以来，为了有效解决公共教育服务提供中长期存在的效率低下、覆盖面较窄、可及性较差、质量不高以及公众回应性不足等难题，世界各国政府开展了长期全面深入的实践探索。教育服务公私合作，作为一种破解公共教育服务供给难题的新型改革工具，其实践已经在不同制度背景和发展阶段的国家中深入开展，并取得了一般的合法性，成为革新、效率和有效治理的代名词。近年来，中国各地教育服务领域出现了不少公私合作的案例。中国教育服务的公私合作虽处于发展的初级阶段，但已经不可逆转地上升为革新中国教育以及推进中国教育治理体系及治理能力现代化的主流方向之一。

　　教育服务公私合作的逻辑起点源于公共教育服务提供中主体角色可分离以及政府与市场和社会的分工合作理念。教育服务公私合作是将政府通过民主政治过程确定公共偏好和获取资源的优势与市场或社会组织的生产服务的优势相结合，实现三者的优势互补、有效合作。由于教育服务公私合作在利用市场机制和社会机制实现公共教育目的的同时，铸就了新的相互依赖关系，带来了公共权力的分享和政府边界的模糊，重塑了政府的任务环境，在创造激励的同时也带来了新的成本、风险和不确定性。在此背景下，教育服务公私合作的讨论开始聚焦于能否对其进行有效的管理，以实现良好的合作。

管理问题已经上升为教育服务公私合作的核心问题。目前学术界对教育服务公私合作中地方政府管理的研究过于依赖西方学者的分析视角和理论框架，没有考虑我国的文化、制度和发展差异；忽视了教育服务公私合作提供带来的风险；未形成一个综合性的理论框架；缺乏解释力度和效度。因此，一个理论与实践结合的、以国际上教育服务公私合作的理论为借鉴的、探索中国语境下教育服务公私合作的研究，有助于为国内的公共教育部门决策者、理论工作者和一般读者提供一个观察教育服务公私合作的基本理论框架；有益于深入推进中国教育领域的综合改革，进而实现中国教育治理体系及治理能力现代化；也有利于为理解当下中国经济社会领域的一系列渐进式改革提供一些重要洞见。

本书综合运用了委托—代理理论、交易成本理论以及社会学新制度主义理论，以中国教育服务公私合作为分析的对象，以地方政府对教育服务公私合作的管理为分析的核心问题，以中国正在发生的教育服务公私合作实践为分析的现实背景，从地方政府管理行为目的和政府管理面临风险两个基本分析维度出发，划分出当代中国教育服务公私合作中地方政府管理的四个领域即合同管理、关系管理、社会平衡和合法化，并进一步深入探讨了在这些领域如何建构地方政府的行动逻辑、管理战略与策略。

本书将教育服务公私合作中的地方政府管理的有关理论、管理和实践有机结合。第一章和第二章是解释的观点，在理性审视当代中国教育服务公私合作的现实情况后，进一步探讨了教育服务公私合作中地方政府管理的理论前提和理论基础，设计出了教育服务公私合作中地方政府管理的分析框架。第三章到第六章是行动的观点，在确定了教育服务公私合作中地方政府的主要管理领域的基础上，分析了合同管理、关系管理、社会平衡和合法化四个领域如何建构政府的行动逻辑、管理战略与策略。第七章的实证分析是实践的观点，具体考察和分析了浦东新区政府购买公共教育服务的案例，将理论和管理部分的抽象研究具体化，在提供翔实的实践信息的基础上，对中国教育服务公私合作进行了体制性的思考，同时提出了教育服务公私合作不仅仅是利用私人手段来实现公共教育目的的有效工具，从一个更深层次的角度看，其实践为理解中国的渐进式改革提供了一个重要的洞见——教育服务公私合作过程中所展现出来的中国政治体制的演化和自我完善。

目　录 ▶

导　论

一、问题提出

（一）研究背景

1. 现实背景

新中国成立初期，我国教育系统的运行及管理深受计划经济体制的影响，很快形成了与之相适应的教育与国家高度一体化的管理体制。在国家神话笼罩下的教育管理体制中，政府是公共教育领域的垄断者，政府的行为决定了公共教育事业的一切方面，具体表现为对教育事业的发展和学校教学活动事无巨细、统包统揽，进而形成了政事不分、政社不分、政校不分的局面。[①]

20 世纪 70 年代末期，以"简政、放权、让利"为核心内容的我国政府改革运动的兴起和发展，可以说为计划经济体制下的教育管理体制改革带来一个"例外"，后者紧随政府行政体制改革的步伐得到深化革新。首先，在公共教育领域，政府垄断的公共教育权开始逐步从集权转

[①]　参见魏志春主编：《公共事业管理》，上海教育出版社 2004 年版，第 171 页。

向分权。其次，学校与教育服务消费者参与教育管理的意愿与能力在日益增强。此外，各种社会力量也逐渐介入到公共教育领域。据此可以推断出，随着政府改革和教育管理体制改革的持续深化，国家全面控制教育的传统型教育管理模式将日渐式微，最终退出历史舞台。

21世纪之初，我国的公共教育管理逐步走向了放权、竞争、效率和多元化。一系列教育改革和发展的规划、决定、方针、政策的出台，如在《面向21世纪教育振兴行动计划》（1998）的基础上，制定的《国务院关于基础教育改革与发展的决定》（2001）、《国家中长期教育改革和发展规划纲要（2010—2020年）》（2010）等，标志着我国正逐步确立了"分级管理、分级负责"的公共教育管理体制。

由上可知，过去三十多年来，中国教育事业的面貌发生了根本性的改变，中国教育事业的发展与改革取得了重要进展。进入21世纪，中国经济社会发展步入"新常态"，教育改革和发展面临新情况和新问题，这意味着，全面深化教育领域综合改革任重道远。

（1）中国经济发展进入新常态，对教育改革发展提出新要求

经济新常态是我国经济发展到一定阶段必然要经历的历史过程，是经济规律的客观反映，是中央审时度势做出的重大战略判断。在经济新常态下，作为国家发展基石的教育事业，应该如何根据经济社会全方位转型升级和创新驱动发展战略要求，主动地适应并积极地超越中国经济新常态对教育发展所提出的要求与挑战，建立起适应中国经济新常态的、符合教育发展规律的教育管理体制，已经成为全面深入推进教育改革发展亟待研究和解决的理论课题和现实问题。在经济新常态背景下，政府对作为社会民生之首的教育事业的定位、承担和履行教育职能的重点、内容和方式也必然会发生重大转变。

（2）政府供给教育服务模式的弊端日益凸显

在教育与国家高度一体化的计划经济体制下，中国的各级政府统揽

了宏观、中观、微观层面的一切教育事务，集举办者、办学者与管理者于一身，采取具体、直接、微观的管理方式，为社会公众生产和提供公共教育服务。当前，这种政府"统包统揽"的公共教育服务提供模式的弊端日益凸显，主要表现为：第一，容易产生政府教育职能的越位、错位和缺位问题，教育服务提供的无效率和低效率问题；第二，抑制了作为办学主体的学校的积极性、主动性和创新性；第三，挤压了各种社会力量办学的空间，阻碍了各类社会组织的发展和壮大。当前政府提供公共教育服务的质量、效率和满意度都遭受到了社会各界的严重质疑。

（3）社会公众对优质教育产品和高效教育服务的需求越来越强烈

随着经济社会的快速发展和人民群众物质精神生活水平的持续提升，公众对优质公共教育产品和高效率教育服务的需求日益增加，社会发展对创新型人才的需求日益强烈。中国教育开始从规模发展走向内涵提高、从基本普及走向质量提升、从满足共性到追求个性。[①] 与中国教育的发展趋势以及公众的教育需求结构转变形成鲜明对照的是，目前我国公共教育财政投入不足，教育行政部门效率低下，公共教育覆盖面窄、优质教育资源总量不足增量有限，难以满足社会公众的教育需求。这些困难和问题无疑进一步加剧了我国公共教育服务的供求矛盾。在经济社会新常态下，政府如何突破有限时间和资源的困扰，有效地化解来自社会公众的压力，很好地解决教育服务的供求矛盾？这已经成为富有公共精神和社会责任感的公民关注和关心的疑难问题之一。

（4）各地出现了教育服务公私合作的实践探索

毋庸置疑，面对公众日益增长的公共教育服务预期、转型期日益复杂的教育问题以及现代教育治理对专业知识和技能越来越强的依赖性，决策过程高度集权、投入主要依赖财政资源、执行以教育行政机构自身力量为

---

① 参见周徐红：《教育领域社会专业组织发展研究——以上海浦东新区为例》，上海交通大学硕士学位论文，2007年，第25页。

主、服务落实以等级权威为主要保障的政府提供公共教育服务的传统机制已经明显地表现出力不从心的状态。国家领导层越来越关注教育管理体制层面的改革和创新，试图寻找一种新的公共教育服务提供模式，打破政府单一服务主体状态，通过重构政府、学校和社会的关系探索公共教育服务提供的新机制。国家层面发布的正式文件指出要根据教育发展的自身规律和教育现代化的基本要求，以构建政府、学校、社会新型关系为核心，形成政府宏观管理、学校自主办学、社会广泛参与的格局。①

在这一改革趋势当中，教育服务的公私合作无疑是最引人瞩目的。教育服务的公私合作是针对深化教育领域综合改革中提出的"政府主导""发挥市场机制作用""鼓励和引导社会力量兴办教育"等改革思路提供的一种可能的改革工具。它对革新我国教育管理体制，推进教育治理体系及治理能力现代化具有积极意涵。公私合作是政府与市场组织以及其他社会组织或者个人合作提供公共产品的制度安排与政策实践。②作为一种制度安排和政策实践的公私合作，在实践方式上主要有两种类型——政策层面和项目层面的实践。（见表1和表2）

表1　政策层面允许或鼓励教育服务公私合作的政策一览表

法律或文件名称（颁布时间）	政策内容列举
《中华人民共和国宪法》（1982年）	第十九条　"国家鼓励集体经济组织、国家企业事业组织和其他社会力量依照法律规定举办各种教育事业。"
《中共中央关于教育体制改革的决定》（1985年）	"鼓励企业、社会团体办学"。

---

① 参见《中共中央关于全面深化改革若干重大问题的决定》，《人民日报》2013年11月16日。

② 参见高树昱、吴华：《我国教育领域的公私合作伙伴关系审视》，《教育发展研究》2010年第8期。

法律或文件名称（颁布时间）	政策内容列举
国家教委《关于社会力量办学的若干暂行规定》（1987 年）	"各级人民政府及教育行政部门应鼓励和支持社会力量举办各种教育事业，维护学校正当权益，保护办学积极性，在条件允许的情况下，尽力帮助解决办学中存在的困难，对办学成绩卓著者给予表彰和鼓励。"
《中国教育改革和发展纲要》（1993 年）	对民办教育采取"积极鼓励，大力支持，正确引导，加强管理"的基本方针。
《中华人民共和国教育法》（1995 年）	第四十一条　"国家鼓励学校及其他教育机构社会组织采取措施实施为公民接受终身教育创造条件。"
《中外合作办学暂行规定》（1995 年）	第三条　"中外合作办学是中国教育对外交流与合作的重要形式，是对中国教育事业的补充。"
国家教委《全国教育事业"九五"计划和 2010 年发展规划》（1996 年）	"'九五'期间，积极发展各类民办学校，现在公办学校条件具备时，也可酌情转为'公办民助'学校或'民办公助'学校。"
国务院《社会力量办学条例》（1997 年）	第四条　"国家对社会力量办学实施积极鼓励、大力支持、正确引导、加强管理的方针。"
《面向 21 世纪教育振兴行动计划》（1998 年）	"今后 3—5 年，基本形成以政府办学为主体、社会各界共同参与、公办学校和民办学校共同发展的办学体制。"
《中华人民共和国高等教育法》（1998 年）	第十二条　"国家鼓励高等学校之间、高等学校与科学研究机构以及企业事业组织之间开展协作，实现优势互补，提高教育资源的使用效益。"
《中华人民共和国民办教育促进法》（2002 年）	第四十五条　"县级以上各级人民政府可以采取经费资助、出租、转让闲置的国有资产等措施对民办学校予以扶持。"

续表

法律或文件名称（颁布时间）	政策内容列举
教育部《关于加强基础教育办学管理若干问题的通知》（2002 年）	第二条 "薄弱学校、国有企业所属中小学和政府新建学校等，在保证义务教育阶段学生就近入学、国有资产不流失的前提下，可以进行按民办学校机制运行的改革试验，实行公有民办。"
教育部《关于规范并加强普通高校以新的机制和模式试办独立学院管理的若干意见》（2003 年）	第三条 "独立学院的合作者，可以是企业、事业单位、社会团体或个人，也可以是其他有合作能力的机构。"
《中华人民共和国民办教育促进法实施条例》（2004 年）	第四条、第五条、第七条、第八条、第三十八条分别就"联合办学""合作办学""共同出资""扶持与奖励"等问题作出了规定。

资料来源：高树昱、吴华：《我国教育领域的公私合作伙伴关系审视》,《教育发展研究》2010 年第 8 期。

表 2　项目层面的教育服务公私合作实践一览表

PPP 模式	实例
BOT（建设、经营、转让）	新湖中宝公司与政府签订 BOT 特许办学协议（浙江嘉兴）
教育股份制	教育股份制（浙江椒江）
教育券	教育券试验（浙江长兴）
公办托管	"管办评"联动机制委托管理实践（上海浦东）
国有民办	全国各地（如北京十一学校等）
民办公助	"公办、民办教师享有同等待遇"的政策实践（河南周口）
民办公助	广元外语学校的"公私合作"实践（四川广元）
名校专制	当地教育局与翔宇集团订协议将三所公办名校进行专制（江苏宝应）
名校专制	由德瑞集团公司投资成都外国语学校和成都实验外国语学校等（四川成都）

PPP 模式	实例
公建民营	为明教育集团与各地政府开展合作办学（北大附中）
租赁托管	地方政府将好学校交给翔宇教育集团按照民办教育运作（湖北监利）
中外合作	潍坊科技职业学院与印度合作办学（山东潍坊）

资料来源：高树昃、吴华：《我国教育领域的公私合作伙伴关系审视》，《教育发展研究》2010 年第 8 期。

项目层面的教育服务公私合作实践模式，经过多年的探索，已经趋于多样化，这些模式既有相似之处又各具特色，且实践效果显著。系统考察政策层面和项目层面教育服务公私合作的实践，不难看出这些政策实践在拓宽教育经费筹措渠道、优化教育资源配置、促进优质教育资源的区域共享以及促进教育产权制度改革等方面进行了有益探索，助推了我国教育制度的改革和创新。

通过对项目层面的教育服务公私合作案例和实践的深入考察，笔者发现几乎所有教育服务公私合作模式的成功实践均有一个共同的特点：政府部门的优惠政策是吸引非政府部门或个人参与合作的必要条件，也是实现教育服务公私合作的关键所在。由此也可以看出，在中国当前体制下，教育服务的公私合作无法自发产生，展现出依赖政府推动和管理的发展路径。换句话说，当代中国教育服务公私合作中的政府管理问题已成为教育服务公私合作能否成功实现的关键所在。政府管理问题已经上升为教育服务公私合作的核心问题。在教育服务的公私合作剧增的今天，探讨政府管理教育服务公私合作的领域及能力显得尤为迫切。

从教育服务公私合作的本质看，政府管理也理应成为关注焦点。教育服务公私合作的大背景之一是现代国家中政府的服务化趋势，它导致公共教育服务提供范围和程度的不断扩展以及复杂性不断加深，迫使政府重新反思在提供公共教育服务中的资源配置和生产安排的合理性。教育服务公私合作是政府革新公共教育服务提供的一种有益尝试。教育服务公私合作的逻辑起点源于公共教育服务提供中主体角色可分离以及政府与市场和社会的分工合作理念。教育服务公私合作是将政府通过民主政治过程确定公共偏好和获取资源的优势与市场或社会组织的生产服务的优势相结合，实现三者的优势互补、有效合作。教育服务的公私合作实质上是政府组织的一种边界扩展行为。通过缔结教育服务合同或其他市场手段，政府与以前仅仅存在垂直性的一般社会管理关系的非政府主体间构建了平行合作关系，借此将活动领域拓展到了政府组织本身具备的能力之外。教育服务公私合作创造了新的任务环境，需要政府发展和建设新的能力，去掌握和控制教育服务公私合作提供的过程，以对教育服务公私合作实施有效的管理。从这个意义上讲，政府对教育服务公私合作提供的潜在问题的认识以及处理这些问题的战略，将决定它是否能够成功地实施教育服务的公私合作提供。此外，教育服务的公私合作提供并非万灵药，相反，政府在试图利用非政府部门来实现公共教育目的的时候，同时也带来了新的成本、风险和不确定性。对主要限制性因素的理解、转化和消解，是实现教育服务公私合作提供的政策和管理意图的必要前提，它要求政府在政策和管理实践中发展对教育服务公私合作提供进行有效管理的能力。教育服务公私合作是一种新型的公共教育管理模式，有待学术界给予更多的重视和关注。

近年来，中国各级政府通过公私合作尤其是政府以购买方式提供教育服务的案例逐渐增多。随着实践的展开，也出现了许多失败的或者有争议的教育服务公私合作的案例。政府管理的重要性也开始逐渐获得认知和重视。因此，一个理论与实践结合的、全面但是问题意识明确的、以国际上教育服务公私合作的理论和实践为指导和借鉴的、探讨中国背景下教育服务公私合作的地方政府管理问题的研究，有益于主动积极地适应中国经济新常态对教育改革所提出的要求与挑战，有利于弥补政府提供教育服务模式的不足与缺陷，有助于更好地满足社会公众对优质教育服务、多样化教育的需求，同时有益于为国内的公共教育部门决策者、理论工作者和一般读者提供一个观察中国教育服务公私合作中的政府管理的基本理论框架。

2. 理论背景

在过去的十年中，中国公共教育服务有效提供问题开始得到学界关注，这一领域的研究已经积累了许多成果。来自经济学、社会学、政治学、行政学、教育学等不同学科的研究者基于不同理论旨趣分析了上述现象和问题。

针对中国公共教育服务的有效提供，先前的研究提供了四种范式[①]，分别是公共教育的"规制型"治理范式、"市场型"治理范式、"服务型"治理范式和"网络型"治理范式。[②]前三种类型的公共教育治理范式已经在我国部分地区得到广泛运用，而公共教育的"网络型"治理范式还处于发轫阶段，每种类型的公共教育治理范式都有其独特的解决之道。（见表3）

---

① 范式：是一个以经验为基础的观念体系。麦克尔·巴泽雷认为，公共教育治理范式是指在教育治理研究和实践中能够被人们广泛接受的、具有典型意义的理论架构或模式。

② 参见吴景松：《西方公共教育治理范式变革及其启示》，《中国教育学刊》2010年第11期。

表 3 公共教育治理范式

	规制型治理范式	市场型治理范式	服务型治理范式	网络型治理范式
理念	教育公平、机会均等	教育竞争、效率	教育多样化	教育公平与效率
协调	政府	市场	非营利组织	治理网络
结构	自上而下	分权	自下而上	扁平
工具	政府服务、府际协定	合同承包等	特许经营、教育券	政府服务、志愿服务、自我服务
能力	政府万能	市场万能	非营利部门有效	政府主导下的多元化主体有效

资料来源：吴景松：《西方公共教育治理范式变革及其启示》，《中国教育学刊》2010 年第 11 期。

无论是国家逻辑下的规制型治理范式、市场逻辑下的市场型治理范式、社会逻辑下的服务型治理范式，还是合作网络化下的网络型治理范式，四种范式在不同程度上揭示了政府教育管理模式的转变，都认为政府管理是影响公共教育服务有效供给的关键因素，在每一种模式中政府依据环境需求调整公共教育管理策略，加强自身的整合协调能力，以此寻求教育服务的有效供给。毫无疑问，这四种公共教育治理范式都有一定的解释力和合理性，但都有明显不足。近年来，在理论界学者们的不断反思、批判、继承和创新中，公共教育治理范式呈现出一种多元融合态势和合作治理的转向。[1] 本书尝试对已有研究进行梳理和整合，以教

---

① 参见敬义嘉将合作治理概括为以公私合作为基础提供公共服务和秩序的治理理念、过程和形态。本书对合作治理的理解以此界定为基础。

育服务的公私合作^①为分析对象，以政府对教育服务公私合作的管理为分析的核心问题，深入探讨教育服务公私合作提供中的各种新生和衍生问题的管理。笔者认为，教育服务公私合作，从表象上看是引入市场竞争机制和社会志愿机制，带来了教育服务提供的主体间激烈竞争和教育服务生产职能与管理资源的主体间转移；但从本质上看却是引起了公共教育服务合作格局中政府、市场和社会三元主体的角色意识、价值取向、行为方式和互动结构的变迁。教育服务公私合作促使教育服务领域中政府与市场和社会之间的关系实现了从单向依赖到多元互动、从行政指令向网络合作的整体转型。

上述这些研究成果既为笔者研究中国教育服务公私合作中的政府管理积累了深厚的知识基础，也为笔者进一步考察和探索中国教育服务公私合作中的政府管理留下了学术空间。

在经验研究层面，我们发现已有研究并没有充分揭示政府对教育服务公私合作进行管理的全过程，留下了许多理论上的困惑。对我国教育服务公私合作提供的已有研究存在明显不足，没有抓住教育服务公私合作制度建设的关键因素——政府管理。西方发达国家的教育服务公私合作实践是在成熟的市场经济环境和公民社会基础上自然内生的结果，而中国与之迥然不同，中国的教育服务公私合作呈现出高度依赖政府的发展路径，是一个由政府主导、外部推动的产物。有学者认为，教育服务公私合作的兴起与发展，改变和重塑了政府的行动逻辑，深刻影响着政府、市场和社会之间关系的变迁进程。^②那么，教育服务公私合作的体制创新，究竟会如何塑造和影响我国的政府与市场和社会的关系？这一

---

① 本书中教育服务的公私合作专指教育服务提供过程中公共供给和私人生产的结合。

② 参见彭少峰、张昱：《政府购买公共服务：研究传统及新取向》，《学习与实践》2013 年第 6 期。

合作能够在多大程度上促进市场的发育成熟和公民社会的成长壮大，合作过程中政府与市场和社会的互动模式是怎么样的？这些无疑是所有关注我国治理转型的研究者都值得留意的问题。在我国经济转型和社会转型的宏观背景下，政府、市场与社会在教育服务中发展合作关系不仅仅是服务提供方式的转变，更重要的是这一过程所反映的三者之间关系的调整。它意味着政府希望变革以行政权力为中心的服务供给体制，以政策的形式推动政府与非政府部门在教育服务领域开展合作。

当前对教育服务公私合作的讨论开始聚焦于政府能否对其进行有效的管理。正如唐纳德·凯特尔在《权力共享：公共治理与私人市场》一书中道出的真理，真正问题并不是如何在市场或政府之间进行选择，而是如何在它们之间达成一种最佳的平衡状态，以及如何管理这一平衡过程所产生的各种问题。[①] 凯特尔倡导，在公私合作中，政府要提升对私有化的管理能力，成为一个精明的买主。由此也可以看出，政府管理问题确实已经上升为教育服务公私合作的核心问题，这反映了公私部门的合作从思想向行动、从简单向复杂、从交易向共赢、从风险与利益共享向权力共享的发展；反映了在这个发展过程中出现的一系列未预期的结果和应对的需要。当国家不同程度地从直接的教育服务生产者转化为教育服务的购买、组装和监督者，当合作领域逐步渗透到公共教育决策及其执行过程，以及传统上由国家垄断的核心职能领域，则公私合作在客观上造成政府和私人部门之间的权力共享和界限模糊。原有的公共教育行政体系的需求结构、标准操作程序、技术、人力资源构成、业绩衡量标准、职业伦理、权利与责任归属等都需要重新适应。公私合作并非万灵药，相反，政府在试图利用非政府部门来实现公共教育目的的时候，同时带来了新的成本、风险和不确定性。对主要的限制性因素的理解、

---

① 参见［美］唐纳德·凯特尔：《权力共享：公共治理与私人市场》，孙迎春译，北京大学出版社 2009 年版，第 30—32 页。

转化和消解，是实现公私合作的政策和管理意图的必要前提。公私合作对于理顺国家与市场和社会的关系、完成政府教育管理职能转变、构建现代公共教育服务体系具有重要意义，要求政府在政策和管理实践中发展对教育服务公私合作进行有效管理的能力。因此研究中国教育服务公私合作中的政府管理行为及能力是非常必要和重要的。

在价值层面，首先，本书关注教育服务公私合作对坚守和实现教育的公共性价值的积极意涵。坚守和彰显教育的公共性是本书的价值取向和价值诉求。当前，受传统技术理性行政典范的深刻影响，中国公共教育服务实践及其理论中的管理主义价值被过度张扬，而其他诸如公平正义、公众参与、互动沟通、回应性、公共责任等公共价值却被严重忽视了。那么，在公私合作的实践过程中如何坚守和实现教育的公共性价值？笔者认为，为了坚守教育的公共性，实现政府提供公共教育服务的目的，中国政府可以根据不同社会背景和环境，采取不同的政策手段，而教育服务的公私合作就是实现教育公共性价值的一种合适的制度手段。

其次，本书试图获得对中国政府与市场组织和社会组织合作的认知和理解，进而为一些基本的规范问题提供建设性的回答。目前，中国社会正处于关键性的转型期，中国政府由公共管理型向公共服务型转变。为转型期的一些基本的价值规范问题提供具有建设性的意见和建议，应该是每个富有社会责任感的理论研究人员义不容辞的责任和义务。基于此，本书尝试从公共行政学的角度结合政治哲学来回答诸如：公私合作中的教育服务行动主体如何有效且公平地生产和供给公共教育服务？教育服务公私合作的理念、价值是什么？如何实现公共行政伦理要求的公共教育服务？

近年来，中国各地教育服务领域出现了不少公私合作的案例。中国教育服务的公私合作虽处于发展的初级阶段，但已经不可逆转地上升为革新中国教育以及推进中国教育治理体系及治理能力现代化的主流方向之一。然而，目前学术界对教育服务公私合作中地方政府管理的研究缺乏强有力的解释，过于依赖西方学者的分析视角，忽视了合作中的风险防范，同时也未形成一个综合性的理论框架。因此，一个理论与实践结合的、以国际上教育服务公私合作的理论为借鉴的、探索中国语境下教育服务公私合作中地方政府管理的研究，有助于为国内的公共教育部门决策者、理论工作者和一般读者提供一个观察教育服务公私合作中政府管理的基本理论框架；有益于推进中国教育领域的综合改革，进而实现中国教育治理体系及治理能力现代化；也有利于为理解中国的渐进式改革提供重要洞见。

（二）研究问题

尽管在当下中国，呼吁政府、市场和社会之间的合作已经进入了主流意识形态，并且开始在政策层面和项目层面有所实践，但是在行政权力依然居于中心地位、市场发展还不完善、公民社会发育尚未成熟的社会条件下，公众日益提高的公共服务预期以及自上而下的公共服务公私合作的改革政策，是否真能够推动政府机构形成与社会力量之间的良性互动关系？上述问题对于所有希望政府、市场和社会之间能够实现良性互动，推动我国从一个"总体性社会"走向更开放、多元的社会的人们而言，构成了必须要加以回答的追问。

要真正推动教育服务领域中国政府、市场和社会之间的合作，促使政府因教育治理转型要求改变自身与市场和社会之间的关系，探索具体实施教育服务公私合作这一制度创新的政府部门会遵循什么样的行动逻辑以回应变革压力无疑是一个异常重要的议题。此外，教育服务公私合作的兴起与发展，改变和重塑了政府的行动逻辑，深刻影响着政府、市场和社会之间关系的变迁进程。① 那么，教育服务公私合作的体制创新，究竟会如何塑造和影响我国的政府与市场和社会的关系？这一合作能够在多大程度上促进市场的发育成熟和公民社会的成长壮大，合作过程中政府与市场和社会的互动模式是怎么样的？这些无疑是所有关注我国教育治理转型的研究者都值得留意的问题。

教育服务公私合作改变了传统的政府提供模式，而代之以基于平等伙伴关系的合作模式。这种政府组织的边界扩展行为，在扩大政府教育服务能力的同时，也使教育行政的内外部环境发生了显著变化，迫使政府调整和变革其价值理念、政策目标和行为方式，以重构适应性系统，进而实现对教育服务合作提供的有效管理。因此，政府对教育服务公私合作提供的潜在问题的认识以及处理这些问题的战略，将决定它是否能够成功地实施教育服务的公私合作提供。

基于以上论述，本书试图回应的核心研究问题是：为了回应经济新常态和上层的教育领域综合改革要求以及公众日益剧增的教育服务需求，地方政府在采用教育服务公私合作这一制度安排时如何开展管理工作？地方政府的行动逻辑是什么？地方政府的管理战略和策略有哪些？本书以落实和执行中央政策的地方政府作为观察对象，将教育服务公私合作中的地方政府管理按照政府管理的行动目的和政府管理面临的风险属性这两个基本分析维度，划分出教育服务公私合作中地方政府管理的四大领域：合同管理、关系管理、社会平衡和合法化，并进一步分析各领域如何构建政府的行动逻辑、管理战略和策略。另外，这些管理任务本身的复杂性以及它们之间的复杂关系，要求政府在教育服务公私合作过程中必须具备综合分析和平衡的能力，因此，政府在各领域的管理能力建设也是本书关注的内容。

---

① 参见彭少峰、张昱：《政府购买公共服务：研究传统及新取向》，《学习与实践》2013 年第 6 期。

（三）研究价值

学术的生命力与意义就在于对社会现实问题的理论关怀。公共行政学研究的核心应该是以理论建构为主要目标的问题研究。问题研究是"基于现实问题"的研究，其重点往往在于解释或者理解而不是解决现实问题。[①]

首先，在研究价值上，本书的关注点在于理解政府机构的行动逻辑，尤其是要理解在教育服务公私合作条件下政府的合同管理、关系管理、社会平衡和合法化背后的内在逻辑。另外，笔者也期望能为政府更好地适应教育服务公私合作的新的管理任务和环境，提出一些可行性的政策建议。有学者曾评论到，即使有关中国社会转型和制度变迁的研究文献浩瀚如海，有关中国政府运作过程和运作机制的研究却存在明显空白，甚至放言中国研究的英文文献也是如此。[②] 本书正是试图在这一领域做出贡献，为希望理解我国政府运作机制的人提供帮助。

其次，笔者认为，一个理论与实践结合的、以国际上教育服务公私合作的理论和实践为借鉴的、探索中国语境下教育服务公私合作的关键管理问题的研究，有助于为国内的公共教育部门决策者、理论工作者和一般读者提供一个基本的分析框架。在本书中，笔者通过呈现政府对教育服务公私合作的各领域的管理理论及实践过程，力图为政府购买教育服务提供理论依据，同时反思教育服务公私合作中地方政府管理行动所具有的积极意涵。

再次，就价值关怀而言，本书讨论这些问题的终极目的在于思考如何才能促进政府、市场和社会之间的良性、有序互动，如何才能真正实

---

① 参见马骏等：《反思中国公共行政学：危机与重建》，中央编译出版社 2009年版，第 3—7 页。

② 参见周雪光、练宏：《政府内部上下级部门之间谈判的一个分析模型——以环境政策实施为例》，《中国社会科学》2011 年第 5 期。

现国家和社会在自主基础上的合作。

最后，期望本书有助于推进公共性价值的回归。公私合作是社会公共理性充分发展的一种状态，是基于公平、承诺、相互信任、谋求公共利益的一种交往模式。中国政府与其他非政府主体间的合作也是一个共享权力、共担责任的过程，不同的主体在合作运作中承担最优化的公共职责，合作机制也是一个责任机制。教育服务的合作过程旨在培育和发展公共组织、社会公众的合作精神、服务精神和责任能力。因此，本书的成果及其运用将有益于唤醒和培育社会公众的公共服务意识和责任意识，有利于公民精神建设，有助于推进公共性价值的回归。

二、概念界定

（一）教育服务

本书中涉及的"教育服务"（Education Service），指的是公共服务中的以满足人们物质和精神需要的服务。在我国，传统上这一类型的教育服务归于社会福利或者社会保障的范围。教育服务有其独特性，具体表现为：第一，教育服务具有较长的周期性、连续性和很大的不确定性；第二，教育服务具有体验品的特性，只能在事后的"体验"中得知，事前人们很难对其服务质量做出有效评估。

经济学领域的一些学者认为教育服务就是教育产品，是一种服务形态的产品，具有使用价值和交换价值。例如，厉以宁认为教育服务就是教育部门和教育单位所提供的教育产品。[1] 而靳希斌则认为教育服务是教育活动的产品，是一种服务形态的产品；教育服务是一种商品，具有使用价值和交换价值，虽然它具有特殊性，但同物质商品没有本质的区

---

[1]　参见厉以宁：《关于教育产业化的几个问题》，《北京成人教育》1999 年第 7 期。

别。① 教育服务的使用价值与其他商品的使用价值并没有本质的区别。②

美国学者亨利·莱文（Henry Levin）认为，教育可以提升个体的能力、增进健康、促进个体的政治参与度和向个人传播社会价值观；教育可以促进经济增长、文化科学进步，向个体传播社会民主运转所需的知识与价值观等；因此教育既是一种私人产品，也是一种公共产品，教育是兼具公共产品与私人产品属性的"混合产品"。③ 国内学者劳凯声认为，教育兼有公共消费与私人消费的双重特性，提供教育服务的过程既是个体利益的实现，又是公共利益的实现。④ 向社会公众所提供的教育服务一方面传承和发展了社会文化科学知识和社会价值观，推动了社会文明的进步与发展，实现了社会的公共利益；另一方面提高了个人的科学文化素质并推动由此带来的社会分层与流动，主张了个体的私人利益。因此，好的教育不仅有利于社会的发展，而且有利于个体的发展。教育服务作为一种特殊形态的教育产品，是兼具公共产品和私人产品属性的"混合产品"。

有学者将教育服务的类型划分为具有纯公共产品性质的教育服务、基本上具有公共产品性质的教育服务、具有准公共产品性质的教育服务、具有纯私人产品性质的教育服务、基本上具有私人产品性质的教育服务。⑤ 按照教育服务公共性程度的百分比，本书将教育服务划分为纯公共教育服务、准公共教育服务和私人教育服务。⑥ 纯公共教育服务是

---

① 参见靳希斌：《论教育服务及其价值》，《教育研究》2003 年第 1 期。

② 参见《马克思恩格斯全集》第 26 卷，人民出版社 1979 年版，第 9 页。

③ Levin H.M.，"Education as a Public and Private Good"，*Journal of Policy Analysis and Management*，Vol.12，No.6（1987），pp.628–630.

④ 参见劳凯声：《面临挑战的教育公益性》，《教育研究》2003 年第 2 期。

⑤ 参见厉以宁：《关于教育产业化的几个问题》，《北京成人教育》1999 年第 7 期。

⑥ 如不特殊说明，本书涉及的教育服务、公共教育服务都是指剔除私人教育服务的部分，专门指代教育服务中的纯公共教育服务和准公共教育服务。

向社会公众所提供的具有公益性、普惠性、基础性的教育服务，这种类型的教育服务具有很强的非排他性、非竞争性。例如，在当前经济社会发展水平下，我国的九年义务教育就属于纯公共教育服务。私人教育服务是为公众所提供的具有个性化、可选择性和多元化特点的教育服务，它是近年来公众多元化、个性化、可选择的教育需求的主要内容。例如，满足社会公众文化生活需求的各类音体美等培训机构提供的个性化、多样化的教育服务。准公共教育服务是不同于纯公共教育服务和私人教育服务的，是另外一种具有较强的非排他性、非竞争性的一种教育服务，它介于以上两种教育服务之间。例如，学前教育、职业教育、高等教育、成人教育等。

综上所述，教育服务具有一般商品的属性，具有价值、使用价值和交换价值，是具有公共产品与私人产品属性的"混合产品"，这成为教育服务可走入市场、可交换、可购买的理论前提。但同时教育服务又具有不同于其他社会服务产品的独特性，成为教育服务公私合作必须遵循教育发展的基本规律，不能完全按照经济领域基本规律来运营的理论依据。提供公共教育服务是政府的公共责任，但政府所提供公共教育服务的范围和内容是与本国的社会经济发展水平相关的。另外，提供公共教育服务是政府的职责所在，但并不意味着教育服务一定要政府来生产，公共教育服务的生产和提供职能可以由不同主体来承担。

（二）公私合作与教育服务

由于公私合作在各国的运用不同，不同组织和研究者对其有不同的定义。联合国发展计划署对公私合作的定义是：PPP 是指政府、营利性企业和非营利性组织基于某个项目而形成的相互合作关系的形式。通过这种合作形式，合作各方可达到比预期单独行动更有利的结果。合作各方参与某个项目时，政府并不是把项目责任全部转移给私人部门，而是由参与合作的各方共同承担责任和融资风险。[①] 联合国培训研究院对PPP的定义是：PPP是涵盖不同社会系统倡导者之间的所有制度化合作方式，目的是解决当地或区域内的某些复杂问题。PPP包含两层含义：一是为满足公共产品需要而建立的公共与私人倡导者之间的各种合作关系；二是为满足公共产品需要，公共部门和私人部门建立伙伴关系进行的大型公共项目实施。[②] 经济合作与发展组织（OECD）认为PPP是政府部门与私人部门之间的协议，使政府提供公共服务与私人部门追求利润协调一致，其效果主要取决于向私人部门转移风险的程度。[③]

民营化大师萨瓦斯对PPP作了如下界定：PPP是指公共和私人部门共同参与生产和提供物品与服务的任何制度安排。甚至宗教和非营利组织也可以参与到合作中来。[④] 鲍法德认为，只要是公共部门和非公共部门共同提供的公共服务，则可被称为PPP。[⑤] 阿姆斯特朗认为，PPP是一种"合作关系"，包括合同安排、联合、合作协议和协作活动等方面，通过这种合作关系促进公共政策和计划的实施。

在借鉴国内外学者关于PPP的概念界定后，本书对PPP的定义为：公私合作是指将公共服务的运作，包括融资、生产、递送、后续管理等转移给非政府部门，而由政府部分地或全部地支付费用，并保持某种形式的管理，政府主要是购买者的角色。本书中公共教育的公私合作是指

---

① 参见陈龙：《当代中国医疗服务公私合作研究》，云南大学博士学位论文，2013年，第15页。

② 参见 Benjamin Perez, *United Nations Institute for Training and Research (UNITAR), PPP For Sustainable Development*, New York, 2002, p.15。

③ 参见 Public-Private Partnership In Pursuit of Risk Sharing and Value For Money, OECD, 2008。

④ 参见萨瓦斯：《民营化与公私部门伙伴关系》，周志忍等译，中国人民大学出版社2002年版，第105页。

⑤ ［美］Bovaid T, Public-Private Partnership: From Contested Concepts to Prevalent Practice, International Review of Administrative Science, 2004, p.70.

政府部门通过与非政府部门签订合同等方式建立合作关系，由私人部门而非公共部门来直接进行公共服务的生产和递送。公共服务的公私合作主要类型有合同外包、特许经营、补助和购买凭证等。

公私合作的基本理念是，将政府通过民主政治过程确定公共偏好和获取资源的优势与市场或者社会组织的生产服务的优势结合起来，实现三者的优势互补、有效合作。这种分工理念认为在公共产品和服务的提供中，市场失灵主要反映了市场在资源配置而非生产管理的无效性；政府失灵则相反，反映了政府在微观管理和激励机制上而非宏观资源配置上的无效性；志愿失灵主要反映了社会组织提供公共服务的资源不足并非服务提供的无效性。公私合作通过建立政府与市场和社会的分工合作关系，实现三者的优势互补——这种分工构成了公共服务公私合作的基本依据。为了确保公共服务的目的，政府在转移一些生产性过程的时候，必须同时发展协作和管理的能力——这种关系仅在很少情况下类似于一次性的商品交易，它要求政府对合作的全程实施有效的管理。

教育服务的公私合作，作为公共服务公私合作的一种具体类型，是指公共部门与私人部门为提供教育产品和教育服务所建立的一种长期合作关系。教育服务的公私合作是促进教育发展的一种制度安排和政策实践，这种制度安排常常需要通过合同管理和关系管理的方式实现。在本书中，教育服务公私合作是政府通过与非政府部门签订合同等方式建立合作关系，由私人部门而非公共部门来直接进行公共教育服务的生产和递送。

教育服务公私合作一般有以下四种方式。

合同外包：政府与市场或社会组织通过签订教育服务合同，将特定教育服务的生产承包给经营者。这在目前是使用最广泛的公共教育服务公私合作方式，通常针对没有或缺乏收费能力的教育服务，由政府对教育服务承包者支付经费。

特许经营：政府将特定教育服务经营权限授予市场或社会组织，在特定期限内由其排他性地行使。这主要针对存在收费能力的公共教育服务或产品，政府拟定收费标准、公私分成的比例或补贴的标准，一般由私人部门通过竞争取得教育服务经营权。

补助：对提供公共教育服务的市场或社会组织，当其所需资金不足或所获得的各项收入不足时，由政府为其提供补贴，以确保其可持续的运作或吸引新的投资、补助可以采取拨款方式实行总额补助，也可以设定补贴率对所提供的教育服务数量进行补贴。

购买凭证：政府将其承兑的凭证发放给合格的教育服务消费者，推动其对于特定教育服务或产品的购买。该方式强调了教育服务消费者的选择自由，获得购买凭证的教育服务生产者可以在政府部门将其兑现。

（三）社会组织与教育中介组织

什么是社会组织？不同的学者对社会组织的界定是不同的。"社会组织"这一称谓是中国语境下的一个特殊概念。我国著名学者王浦劬认为，广义的社会组织是指除党政机关、企事业单位以外的社会中介性组织，狭义的社会组织是指由各级民政部门作为登记管理机关，纳入管理范围的社会团体、民办非企业单位、基金会这三类社会组织。[①] 胡伶将社会组织称为"公民社会组织"，是民间为了实现一定目标而自发组织起来的人的集合，这个概念强调以国家和公民社会的分野为基础，强调组织的民间性。[②] 本书选用社会组织这个范畴，深层用意在于希望能够重塑政府与社会的关系，在建设服务型政府的进程中，培育和发展公民

---

① 参见王浦劬、［美］萨拉蒙：《政府向社会组织购买公共服务研究：中国与全球经验分析》，北京大学出版社 2010 年版，第 6 页。

② 参见胡伶：《教育社会组织发展及其中的政府行为研究——基于部分区域抽样调查的分析》，《教育发展研究》2010 年第 17 期。

社会，进而推进服务型公共治理的建构进程。本书主要涉及狭义上的社会组织。

　　什么是教育中介组织？上海市浦东新区社会发展局在《中国教育改革前沿报告——浦东新区教育公共治理结构与服务体系研究》一书中将教育中介组织界定为：教育中介组织，也称为社会中介组织，是介于政府业务管理部门和办学实体或其他社会团体之间，以提供专业服务为职责，以促进公共教育利益为目的的一种非营利组织。[①] 有的学者认为，"教育中介组织是指不以营利为目的，介入政府与社会个体之间为社会提供教育服务的非政府公益组织，它主要通过教育审议、咨询、评价和鉴定等手段参与政府与学校教育管理过程，包括教育审议会、咨询会、评议会、考试委员会、资格与证书鉴定委员会与家长委员会等组织形式"[②]。还有的学者认为，教育中介组织就是教育领域中的社会中介组织、第三部门，具有独立性、专业性、服务性和公信力等特征。[③] 从以上学者们对教育中介组织的界定可看出，教育中介组织在性质上是社会组织，是联系政府、学校、市场等主体之间关系的"中介"，具有非营利性、独立性、专业性、服务性等特征。

---

　　① 参见上海市浦东新区社会发展局：《中国教育改革前沿报告——浦东新区教育公共治理结构与服务体系研究》，上海教育出版社 2009 年版，第 189 页。

　　② 周光礼：《论教育中介组织的法律地位》，《高等工程教育研究》2006 年第 5 期。

　　③ 参见陈洁：《发展教育中介组织的若干思考》，《教育发展研究》2004 年第 7 期。

依据社会"多元结构理论"[①]，现代社会的组织可分为政府组织、企业组织和社会组织。从共同点而言，非政府组织、非营利组织、志愿组织、民间组织等相关概念在其性质上都属于社会组织。这些相关概念的存在前提都是基于将社会结构划分为公域、私域和处于公域、私域之间的第三域；从其不同点而言，非政府组织强调组织的非官方性，即与政府组织的区别，非营利组织强调组织的非营利性，即与企业组织的区别。而公民社会或公民社会组织强调其组织形态以公民为主体，以公民自治、志愿参与、民主治理为主要特征。民间组织是我国特有的称谓，我国对民间组织的管理机构是民政部国家社会组织管理局，原称民政部民间组织管理局，因此国内很多学者将社会组织称为民间组织，目前我国的民间组织可分为社会团体、民办非企业单位和基金会。它们都是从不同的角度，侧重组织的不同特征来描述处于公域、私域之间的第三域。教育中介组织在性质上属于社会组织，同时教育中介组织又是非营利组织、非政府组织等相关概念的下位概念。在明确了与教育中介组织、社会组织等紧密相关的几个概念内涵与外延的基础上，在本书中如无特别说明，对非政府组织、非营利组织、第三部门、民间组织、志愿者组织、公民社会组织等概念不做严格区分，目的在于尊重引文作者的写作初衷，或是照顾到上下文的一致性和流畅性。

---

① 社会"三元结构理论"的主要代表有美国学者简·柯亨（J. L. Cohen）和安德鲁·阿雷托（A. Arato）的三元结构理论和莱斯特·塞拉蒙（L. Salamon）的三元结构理论，前者认为人类社会的结构为"市民社会—经济—国家"，后者用"非营利部门—营利部门—政府部门"的三元结构来描述西方国家的社会结构。参见刘复兴：《教育政策的价值分析》，教育科学出版社 2003 年版，第 56—58 页。

三、研究综述

紧扣本书的主题，笔者通过相关文献的查阅、分析和概括，指出现有教育服务公私合作提供及教育服务公私合作中的政府管理研究的局限，提出笔者拟采用的研究角度和研究内容。

（一）关于政府管理的研究

1. 政府管理的基础理论研究

（1）政府与政府角色

关于政府的界定与诠释，其著述可谓汗牛充栋。一般而言，可将政府划归为三种类型：一是一般意义上的政府，即从抽象的意义上，超越国家和阶级，也超越人类社会发展阶段，在理性上所认识的政府；二是有阶级社会的政府，是国家机器的主要组成部分；三是非国家机构的政府，是指前国家社会和未来的无国家社会人类公共事务的管理组织。[①]通常，我们习惯把政府理解为国家机构的政府，是指一个国家的统治阶级运用国家权力，组织和管理国家事务的机关，是国家机构的组成部分，是统治阶级实施其政策的主要工具。政府的含义还包括，有一套正式的组织机构，并且运行正常；拥有在社会中的强制性权力，这种权力来源于社会的授权或委托；对公共事务拥有决策和管理权，并承担责任。由于政府的合法性根本上来源于它是公共利益的代表，这就要求其本质上必须对社会发展负责。因此，政府既是公共权力的行使者，又是社会民众必须服从的行政力量。但是，在相当长一段时间内，我国忽视了政府的社会性与公正性，国家与政府的关系很不明晰，政府对社会的

---

① 参见乔翅章：《政府理论》，苏州大学出版社 2000 年版，第 7—9 页；谢庆奎：《当代中国政府与政治》，高等教育出版社 2003 年版，第 1—10 页。

管理"缺位"与"越位"同时存在，"全能政府"主导了整个社会经济的发展。

20世纪后期以来的新公共管理运动对政府进行了重新诠释，特别是2000—2002年，经济合作与发展组织公共治理委员会从政府治理的角度，区分了政府组织序列的两种管理体系：核心政府治理和分散化政府治理。① 其中"核心政府治理"的主体包括纵向金字塔式组织结构中的政府部门、议会和地方政府，它们构成了"核心政府"，而"分散化政府治理"主体则是近年来OECD各成员国在核心政府组织外大量设立的具有一定独立性的公共组织，这些公共组织包括"代理机构、权力主体和其他政府实体"，它们或者是由政府行政部门组建，或者是由立法部门组建；它们可以在公法、私法或者两者的公共框架内行使职能；它们的工作人员被视为公务员的一部分，也可以被认为是按照劳动法雇佣的雇员。② "核心政府""代理机构、权力主体和其他政府实体"共同构成了"多样化的政府实体"，"多样化的政府"不仅反映了当代世界政府改革中国家行政部门、立法部门及其授权的其他准政府组织在公共事务治理中的法律地位、功能和属性，也决定了其他政府实体是"核心政府"派生出来的，其他社会组织的活动范围更是由"核心政府"界定、许可或授权的。

能够清晰地理解政府内涵，我们就能把握公共管理的本质。本书中的"政府"就是指"核心政府"。"核心政府"在公共教育管理中的边界及其角色决定了公共教育服务的供给渠道，"多样化的政府实体"直接指向政府的教育管理，为教育的国家化及其市场化改革引发的困境带来

———————

① 参见彭澎：《政府角色论》，中国社会科学出版社2002年版，第44—45页。

② 参见经济合作与发展组织：《分散化的公共治理》，中信出版社2004年版，第3页。

变革性的前景与实施途径。

政府角色的研究是政治学与经济学研究中的重要议题，因为政府角色的具体体现就是政府职能，而政府职能又决定了政府作用及其作用方式。政府角色研究的成果中，当属经济学学派的贡献最大。其观点主要体现在以下几个方面。

首先，"最小政府"的自由主义政府论。其代表作当属亚当·斯密的《国富论》，主张政府尽可能较少地干预市场。自由主义政府论是"小政府、大社会"模式的主要理论依据。自由主义政府论认为：第一，政府越小越好，"管理最少的政府就是最好的政府"；第二，"政府是一种很难避免的邪恶"；第三，"政府的活动必须具有合法性"。

其次，"全能政府"的凯恩斯主义政府论。这一流派认为：国家应该提供"公共产品"，保障公共教育的供给与公共性，扩大公共教育福利与教育均等的机会。

再次，"有限政府"的新自由主义政府论。其理论基础来源于，以米尔顿·弗里德曼为代表的现代货币主义学派、以罗伯特·蒙德尔等为代表的供给学派、以布坎南为代表的公共选择学派、以罗纳德·科斯和道格拉斯·诺思为代表的新制度学派、以 H. 卢卡斯和 T. 萨金特为代表的合理预期学派等理论。其主要观点是：第一，个人被假设为自身利益的最好的评判者，趋利避害是人的本性；第二，合理选择是基本模式；第三，市场力量最大化；第四，政府作用最小化。

此外，珍妮特·V.登哈特（Janet V.Denhardt）和罗伯特·B.登哈特（Robert B.Denhart）合著的《新公共服务——服务，而不是掌舵》一书，对政府角色及其转变作出的揭示和解释也比较有代表性。①

政府角色通过政府职能来体现，政府角色（政府职能）在公共教育

---

① 参见［美］珍妮特·V.登哈特等：《新公共服务——服务，而不是掌舵》，丁煌译，中国人民大学出版社 2004 年版，第 5—20 页。

管理中扮演着关键性的角色，它不仅决定政府在公共教育服务领域的作用，而且决定了作用的方式。政府职能转变为公共教育服务提供方式的转换提供了研究前提。只有在政府职能转变过程之中，我们才能更好地分析不同情境下公共教育服务提供方式的问题及如何选择有效的政府管理方略。

（2）政府的核心价值和核心职能

理解政府的核心价值和核心职能对于理解教育服务的生产安排十分重要。核心价值对于组织有两个重要影响。首先，它决定了组织如何能够与任务环境对接，如何设定其基本职能，以获得投入、生产和处置产出、与对手竞争、与管制机构合作，并且实现组织的发展与延续。组织的边界扩展部门和对外依赖的本质都强烈地依赖于组织的核心价值。其次，核心价值决定了内部组织结构和过程的设计。

作为对组织边界的再设计，公私合作必然受到公共组织核心价值的影响。一般来看，政府组织的核心价值包含政治—法律和功能—技术的成分。从政治—法律角度，合法的政府组织必须能够有效满足来自公民的需要，并且对满足这种需要的效果问责。政治系统需要通过有效的制度和程序，发现公共需求及其优先顺序，并通过立法和政策的形式将其表现出来，形成公共部门的使命和任务。对于经政治与法律系统所确立的公共需求，政府需要组织有效供给的必要性和正当性，构成政府组织在政治—法律层面的核心价值。在需求满足这个价值维度上，政府组织与私人组织比，具有先天优势——政府具有通过税收获得公共支出经费的权力。

从功能—技术角度看，政府需要具备竞争力的组织体系。政府机构在完成其职能方面应该是高效、有效和节约的，以实现预期目的。然而功能—技术的角度并不仅仅强调实用性或工具性价值。对于公共需求的满足手段和过程，还必须要建立在公法之上，体现其公共性的特征。民主和宪政的价值，例如透明、参与、平等、公平、程序法定和有限干涉，都要求在公共需求的满足过程中得到遵从。[①] 这些基于政治—法律价值的实体性和程序性要求，表明政府活动在追求效率之外，还必须满足合法性要求。功能—技术的价值在本质上是依附于政治—法律的价值。在现代社会中，政府的组织体系主要是通过官僚制来建构的。

　　政治—法律和功能—技术的价值着重体现为正义与绩效的关怀。这两个目标并不必然冲突或兼容，其相互关系是辩证的和复杂的，存在相互界定和规范的情况。表4通过对两类价值的操作化而对实现公共服务提供的制度安排进行了分类。对于政治—法律价值，其操作标准是国家供给责任的维持与否，即国家是否需要以公权力的形式，为服务承担最后的责任，包括财政资金的投入和服务数量、质量与范围的确保。对于功能—技术价值，操作标准是政府直接生产能力的维持与否。

表4　公共服务提供安排的一般分类

		政治—法律价值	
		保留供给责任	卸载供给责任
功能—技术价值	保留直接生产能力	官僚模型	政府公司
	卸载直接生产能力	第三方模型	私人市场

资料来源：敬义嘉：《中国公共服务外部购买的实证分析——一个治理转型的角度》，《管理世界》2007 年第 2 期。

　　在表4中，官僚模型是对政府组织的两方面价值的确认，而私人市

---

　　① 　参见［美］戴维·H. 罗森布鲁姆、罗伯特·S. 克拉夫丘克：《公共行政学：管理、政治和法律的途径》，张成福等译，中国人民大学出版社 2002 年版，第239 页。

场则否定了政府参与的必要性。^① 表 4 显示从官僚模型到第三方模型的公共服务公私合作，主要是依据功能—技术的价值维度作出的在公共部门和非公共部门生产商的调整，而没有影响到政府服务提供的责任。现实中的公私合作并不像表 4 这样一目了然，存在交错和模糊的地方。因此这种替换必然是不完全的。尽管理论上对公共职能的私人运行要求继承原有的主要程序要求，并且政府要对结果负责，但是在实际政府购买中，公共问责性很难不受到损害。公私合作的复杂性的重要方面就体现在，它不仅仅是部门间的纯粹技术性的职能转移，而且还涉及问责性的重构。

政府的核心价值长期稳定，相比之下，政府的核心职能却表现出相对动态性。学界对于政府的核心职能的观点颇有争议。从政府的政治—法律价值出发，政府职能是通过民主政治程序确认的公共需求。从这个视角来看，政府往往需要的不是垄断生产，而是确保供给，为社会公众提供基本的、保障性的、广覆盖的公共服务。从功能—技术的角度讲，核心职能针对每一个政府组织都是存在的。核心职能就是组织实现其使命的核心竞争力，或者满足其环境需要的基本能力。政府的核心价值和核心职能在教育服务公私合作中发挥着重要作用，它们决定了政府教育服务职能转移的内容、方向、程度和范围。教育服务的公私合作必然面临政府教育管理职能中的核心职能和非核心职能的选择。

2. 政府管理模式研究

多年来，政府管理模式的研究，一直是国内外学者们关注的焦点，已经形成了一些理论和经验。

---

① 没有市场能够完全独立于政府，后者可以通过其他方式，例如管制实行必要的介入。

（1）英国学者 Perri 6 的政府管理模式 [①]

英国学者 Perri 6 等人从不同维度和层次分析政府管理模式，提出了五种政府管理模式的辨析框架。

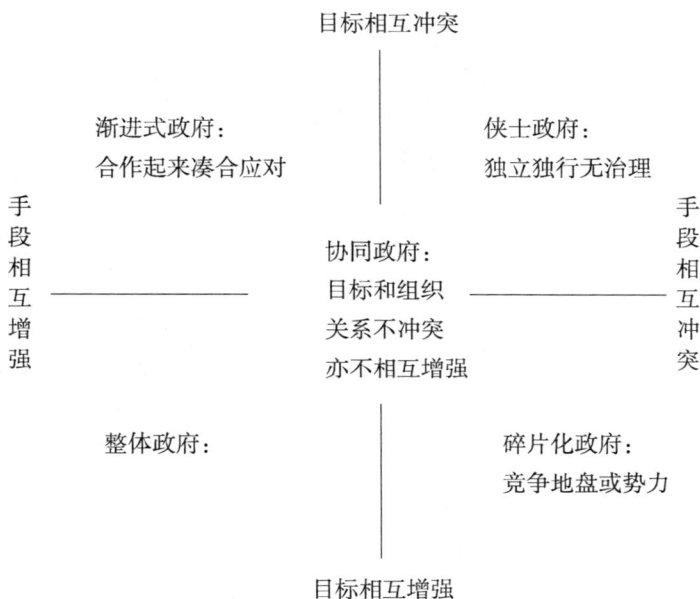

目标相互冲突

渐进式政府：
合作起来凑合应对

侠士政府：
独立独行无治理

手段相互增强

协同政府：
目标和组织
关系不冲突
亦不相互增强

手段相互冲突

整体政府：

碎片化政府：
竞争地盘或势力

目标相互增强

图 1　英国学者 Perri 6 的政府管理模式

（2）美国学者 Stephen Goldsmith 和 William Eggers 的政府管理模式 [②]

美国学者 Stephen Goldsmith 和 William Eggers 关于公共部门和私人部门之间的合作关系。他们从"公私合作程度"和"网络管理能力"两个维度的高低层次出发，划分出四种政府管理形态。

[①]　参见［美］尤金·巴达赫：《跨部门合作：管理"巧匠"的理论与实践》，周志忍等译，北京大学出版社 2011 年版，第 2 页。

[②]　参见［美］尤金·巴达赫：《跨部门合作：管理"巧匠"的理论与实践》，周志忍等译，北京大学出版社 2011 年版，第 3 页。

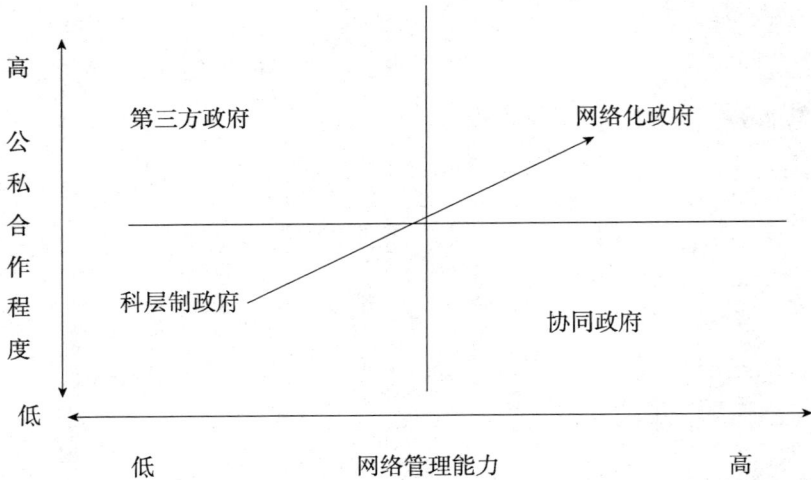

图 2　美国学者 Stephen Goldsmith 和 William Eggers 的政府管理模式

（3）权威治理到合同治理模式

从权威治理到合同治理，这是公共服务治理模式的一种嬗变，同时也是公共服务治理理念的一次重大转变。合同治理模式的兴起无疑意味着传统权威治理模式的式微，这两种治理模式存在显著的差异。（如表 5 所示）

表 5　公共教育权威治理与合同治理模式的比较

	权威治理	合同治理
治理理念	强调权威、命令、服从等理念	倡导平等、自由、合作、互惠等合同理念
治理主体	政府机构和事业单位	政府机构、私营部门和非营利组织等
治理方式	配置与管制的分离	配置和管制的结合
治理目标	强调政治目标的实现	强调经济、效率、效益等
治理过程	公共的和私人的赛局参与者的分离	营造公平的、多元主体参与的市场竞争环境
治理机制	使用公法机制，通过政府机构来实施：①官僚机构；②事业单位	使用私法机制，通过私营部门和非营利组织实现目标：①合同；②招／投标

	权威治理	合同治理
治理结构	官僚组织以机构内自上而下的权威和对委托人的控制或管制为特点	分权化的公共组织
治理的激励基础	行政本位主义	企业家精神

资料来源：詹国彬：《公共服务合同外包的理论逻辑与风险控制》，《经济社会体制比较》2011年第5期。

（二）关于教育服务公私合作的研究

对教育服务公私合作的研究现状进行系统的梳理与总结，可以了解这一主题的研究进展，把握这一主题目前研究的不足，以此作为本书的研究起点和研究方向。通过相关文献的梳理，笔者发现，教育服务的公私合作并不是一个专有名词，政府对教育服务公私合作的管理被作为教育领域综合改革组成部分之一。而理论界和实务界对教育服务公私合作中政府管理的关注较少，基于此，在对相关文献进行梳理和总结的基础上，本书将视野扩展到公共服务合作中的政府管理这一范围下，聚焦于教育服务公私合作中的政府管理相关问题，对政府管理教育服务公私合作的理论与实践进行全面的梳理。对已有的文献从理论预设、价值取向和基本观点等方面进行全面梳理和总结，理论界对教育服务公私合作的研究归纳总结为三类：市场化视角、社会化视角、去行政化视角。

1.教育服务公私合作的市场化视角："竞争机制"与"自由选择"

现有的关于市场化视角的文献主要是对教育服务的公私合作作出一种市场化的制度安排，这种制度安排的核心是在教育服务合作提供过程中引入市场竞争机制，通过充分的市场竞争，带来教育服务供给的高效率和教育服务消费者的自由选择。首先，引入市场竞争机制，效率优先。无论是公共选择理论为解决政府失灵提出的治理路径——"内部改革"和"外部转移"，还是新公共管理理论的核心主张——政府"掌舵"、私人部门"划桨"，其实质都是引入市场竞争机制，以打破政府的垄断地位、提高公共服务效率并给公众以自由选择的机会。西方学者们继而又提出"企业化政府"①以及"市场化政府"②的概念，旨在以私人部门管理方式重塑政府部门。其次，良好的市场环境与政府管理水平，缺一不可。刘波、崔鹏鹏和赵云云等学者通过实证分析得出结论：市场成熟度与政府管理水平都对公共服务外包决策具有显著性影响。"市场发挥作用的前提条件是建立政府责任机制与公民投诉回应机制"③。再次，有限市场化，而非无限市场化。如休斯所言，"市场化为公共服务带来了希望，但是也随之带来了困难，不应该把它视为一种包治百病的灵丹妙药"④。唐纳德·凯特尔将市场失灵原因归结为"供给方缺陷"和"需求方缺陷"，并且也指出"委托—代理的基本问题以及不同的市场缺陷都告诫我们，在私有化问题上，我们表现出的热情有些过度"⑤。

市场化视角下形成的是公共教育的"市场型"治理范式。其主导理念有三：一是竞争与效率；二是"教育服务消费者"自由选择；三是

---

① ［美］戴维·奥斯本、特德·盖布勒：《改革政府：企业家精神如何改革着公共部门》，周敦仁等译，上海译文出版社2006年版，第8页。

② ［美］B.盖伊·彼得斯：《政府未来的治理模式》，吴爱明、夏宏图译，中国人民大学出版社2013年版，第25页。

③ 李学：《不完全契约、交易费用与治理绩效——兼论公共服务市场化供给模式》，《中国行政管理》2009年第1期。

④ ［澳］欧文·E.休斯：《公共管理导论》，中国人民大学出版社2007年版，第3页。

⑤ ［美］唐纳德·凯特尔：《权力共享：公共治理与私人市场》，孙迎春译，北京大学出版社2009年版，第31页。

"教育分权"。按照公共教育的"市场型"治理理念，需要从治理结构上分散教育决策和政策执行的权力。在选择治理工具过程中，更多地考虑花费成本低、赋予公民更多的教育选择权和产生持久作用的工具。西方发达国家采用的公共教育市场化或民营化的治理工具一般包括政府服务、政府出售、府际协定、合同承包、经营特许、政府补助、凭单制、自由市场、志愿服务、自我服务等。

2. 教育服务公私合作的社会化视角："志愿机制"与"自生产"

现有的关于社会化视角的文献主要是对教育服务公私合作作出一种社会化的制度安排，这种制度安排的核心是在教育服务公私合作提供过程中引入社会志愿机制，利用社会组织的自愿性、非营利性、制度性，以保障公共教育服务的公平有效供给和社会的自给自足。首先，发挥社会志愿机制，公平优先。如库珀所言，"政府购买公共服务不是单纯的交易行为，竞争和效率并不是唯一的衡量标准，回应性、平等性、有效性和责任同样重要"①，公共服务社会化的首要原则是公平，而不是效率。其次，主体是非营利组织，而非市场。市场的天然逐利性与投机性，容易导致资源配置不公，而社会组织不仅与政府具有公共性的一致目标，且具有"同时增进生产效率以及分配效率（服务与受益者的匹配性）"②的特性，有利于实现公共资源公平、有效配置。再次，政府与社会的合作，而非政府与社会的"共销"。克莱默和萨拉蒙提出公共服务公私合作的两种合作模式："共销"（collaborative-vendor）与"合作

---

① ［美］菲利普·库珀：《合同制治理：公共管理者面临的挑战与机遇》，竺乾威等译，复旦大学出版社 2007 年版，第 183 页。
② 王浦劬、［美］萨拉蒙：《政府向社会组织购买公共服务研究：中国与全球经验分析》，北京大学出版社 2010 年版，第 9 页。

伙伴"（collaborative）。① 前者强调政府单方责任和自上而下的决策执行；后者强调政府、社会和公民责任共担、共同决策。大部分学者倾向于选择后者，提出"委托—合作—参与式""联动嵌入合作""协作性公共管理实践""跨界合作""跨部门协作""战略性协同机制"等模式，都是追求政府与社会制度化、常态化的双向互动与有效合作，强调双方共同决策与责任共担。

以社会逻辑为指导的公共教育治理主张公共教育权力回归公民，倡导运用教育法律限制国家干预公民的内部事务。公民通过非营利组织来实现教育供给，不仅限制了政府对公共教育的垄断，也有效地预防了市场对公民道德和社会价值的冲击。"服务型"治理范式严格界定政府在公共教育领域的干预范围，通过政府解制以推动非营利组织提供公共教育服务。"服务"意味着参与，不仅是指政府内部人员参与公共教育决策，更为重要的是政府系统之外的不同团体、组织或个人（特指非营利性组织）参与公共教育治理。那么，"服务型"治理范式一般采用合同承包、经营特许、凭单制、志愿服务、政府补助等治理工具。

3. 教育服务公私合作的去行政化视角："职能转移"与"放权"

现有的关于去行政化视角的文献对教育服务公私合作做出一种去行政化的制度安排，这种制度安排的核心是将政治途径确定的政府拥有的教育服务生产和提供所需的各项资源转移给合作伙伴，给社会留足发展空间，激发社会的活力，让社会权力回归社会。首先，职能的外部转移，也是角色的内部转变。奥斯特罗姆夫妇对公共服务"生产"与"供给"两个概念加以了区分，认为公共服务由政府供给，但不一定要政府生产，也可以由私人部门和非营利组织生产。新公共服务理论以及第

<hr>

① ［美］莱斯特·M.萨拉蒙：《公共服务中的伙伴：现代福利国家中政府与非营利组织的关系》，田凯译，商务印书馆 2008 年版，第1—4 页。

三方治理等理论也强调政府职能转移和角色转变的重要性，主张政府从"掌舵者"转为"服务者"①，并"扮演出资者和监管者的角色，而不是公共服务的具体生产和提供者，具体服务应由第三方特别是非营利部门提供"②。萨瓦斯进一步为政府角色做出定位："公共服务需求的确认者、精明的购买者、检查者和评估者、公平赋税的征收者以及谨慎的支出者"③。其次，管理资源的外移，也是社会权力的回归。再次，去行政化，而非去责任化。政府职能和管理资源的向外转移，不能简单地等同于政府退出或"简政放权"。相反，政府在确定购买服务的领域、合理分配资金、安排计划与服务流程、控制服务质量等方面，其地位和责任远比过去提高。④

去行政化视角主要是针对公共教育的"规制型"治理范式提出的。"规制型"治理范式遵循国家逻辑，强调教育公平，主张政府全程控制教育发展过程。因而，西方各国政府自觉地把教育作为实现国家目的的一种重要工具。治理的工具包括：政府服务、府际协定、合同、志愿服务等。

（三）基于综述的评论与反思

1. 对现有文献的评论

我国政府在教育服务公私合作中的管理领域包括哪些？如何管理？

---

① 参见罗伯特·B.登哈特等：《新公共服务：服务而非掌舵》，《中国行政管理》2002 年第 10 期。

② ［美］莱斯特·M.萨拉蒙：《公共服务中的伙伴：现代福利国家中政府与非营利组织的关系》，田凯译，商务印书馆 2008 年版，第 1—4 页。

③ 王卫：《城市治理中的公私伙伴关系：一个街道公共服务外包的实证研究》，《广东社会科学》2010 年第 3 期。

④ 参见张汝立、陈书洁：《西方发达国家政府购买社会公共服务的经验和教训》，《中国行政管理》2010 年第 11 期。

这些问题涉及教育服务合作提供的不同研究视角。现有的关于市场化视角的文献主要是对教育服务的公私合作做出一种市场化的制度安排，这种制度安排的核心是在教育服务合作提供过程中引入市场竞争机制，通过充分的市场竞争，带来教育服务供给的高效率和教育服务消费者的自由选择。现有的关于社会化视角的文献主要是对教育服务公私合作作出一种社会化的制度安排，这种制度安排的核心是在教育服务合作提供过程中引入社会志愿机制，利用社会组织的自愿性、非营利性、制度性，以保障教育服务的公平供给和社会的自我生产。去行政化视角的文献则对教育服务公私合作作出一种去行政化的制度安排，这种制度安排的核心是将政治途径确定的政府拥有的教育服务生产和提供所需的各项资源转移给合作伙伴，留足市场和社会发展的空间，激发市场和社会的活力，让社会权力回归社会。

总体而言，现有文献已经观察到我国政府机构在教育服务合作提供中管理的领域、工具和手段存在着多样化形态，并且每一种形态都有相应的文献进行了细致的讨论和研究。在研究类型上，虽然规范型、政策呼吁型的研究仍然占据主流，但是实证导向、以经验观察为基础的研究在近年来发展很快。除了借助国外相对成熟的理论视角观察我国现实，现在也有学者试图基于本土经验概括和提炼有别于西方的理论。这些研究成果都为本书的研究开展提供了良好的基础。

当然，通过文献梳理，笔者也发现，已有的研究文献对中国教育服务公私合作有了一定的认知，但对这一主题仍未能吸引足够的学术关注。例如，对当代中国教育服务公私合作制度建设的认知就远远不足。中国教育服务公私合作制度的建构路径与西方发达国家自发内生的教育服务合作制度演进过程迥然不同，呈现出高度依赖政府的特征。

2. 现有文献的缺陷与不足

　　我国教育服务合作提供的现有研究的第一个缺陷，体现为过于依赖西方学者的分析视角和理论框架，没有充分考虑我国的文化、制度和发展差异。例如，对教育服务合同外包保持高度激情，对政府购买教育服务中竞争机制的过于热衷，可能与我国的实际情况都不太相符。西方国家的教育服务公私合作实践是建立在发达的教育市场和成熟的教育社会组织的基础上，是自然内生的结果。因此，其在教育服务公私合作提供中，首要考虑的问题就是有没有足够数量的教育服务提供者展开竞争，政府如何才能成为一个"精明的买主"，进而"为公众做一个好交易"。而我国的特殊之处在于，尽管经过了四十年的市场化改革，初步建立了社会主义市场经济体系，但我国的社会结构却还未转型成功，没有发展成熟的市场，更无发育完善的公民社会。教育市场上的很多社会组织大都具有"官方"和"半官方"性质，并非独立的法人。将研究焦点放在这些社会组织中的竞争机制上面，似乎没有太大意义。笔者认为，研究我国教育服务的公私合作提供，在关注合同管理之余，更重要的应该是对教育服务提供主体间的多元互动关系如何影响教育服务过程和服务效果进行深入探讨。

　　研究中国教育服务合作提供的文献的第二个缺陷，在于忽视了教育服务合作提供所带来的风险。随着教育服务合同外包实践以及公私伙伴关系的不断发展，政府对合作伙伴的依赖性将不断提高，公私部门间的界限和责任将变得越来越模糊，这可能会带来公共利益的损害，给政府合法性提出严峻挑战。毫无疑问，公私合作既为改善公共教育服务带来了希望，也带来了风险（例如，道德风险、寻租风险、新垄断风险以及政府合法性风险等）。理论界和实务界应对教育服务公私合作过程中的各类风险保持足够的谨慎和高度的重视，并积极主动地采取恰当措施防范各类风险。

第三，对于教育服务公私合作实施过程中的政府管理，现有研究还缺乏一个综合性的理论框架。现有的很多文献站在合同管理的视角或关系管理的视角研究教育服务合作提供，难免研究视角单一、理论分析薄弱。本书尝试从政府管理目标和面临的风险两个维度出发，按照以结果为导向的目标获取和以过程为导向的环境控制以及面临的结构化风险和非结构化风险这四个层次，构建一个更加综合性、系统性的理论框架，通过探索分析教育服务公私合作中政府管理的四大领域——合同管理、关系管理、社会平衡和合法化，以期为各个理论视角之间的对话提供帮助。

最后，现有文献的另一个缺陷在于解释性研究比较薄弱，对于影响教育服务合作过程中政府管理行为的具体因素，以及这些因素为什么能够产生影响的内在逻辑，目前还缺乏清晰、一致的说明。交易费用、资源依赖是现在比较常见的解释工具，但是，是否还存在着其他的影响因素，有待进一步的探讨。因此，在归纳和总结地方政府部门会通过哪些管理行为回应上层改革要求的基础上，本书还进一步探讨了管理行为的影响因素及其内在逻辑，从而为解答上述问题提供力所能及的帮助。

四、研究思路与研究方法

（一）研究思路

教育服务的公私合作实践正在逐渐改变着公共教育服务的形态和逻辑，促使人们去认真思考政府、市场与社会在公共教育服务提供中的重新定位与能力发展。理论界对于公共教育服务供给模式的讨论都聚焦于公私合作模式上，但实务界在践行公私合作模式时常常出现合作失效的情况。问题究竟出在哪里？原因何在？为了寻求答案，笔者通过大量的理论研究和实践调研发现，管理问题才是公私合作的核心问题。因此，未来对公私合作的讨论应该聚焦于能否对其进行有效管理。同理，在公共教育服务领域中，教育服务公私合作能否有效，关键在于政府对教育服务合作提供的管理，在于政府在教育政策和教育管理实践中发展对教育服务公私合作进行有效管理的能力。换句话说，政府对公共教育服务合作提供中潜在问题的认识以及处理这些问题的战略，将决定它是否能够成功实施公共教育服务合作提供。因此，本书以教育服务的公私合作为分析对象，深入探讨政府对公共教育服务合作提供的管理，具体包括合同管理、关系管理、社会平衡和合法化，以期望能为建构有效的教育公共治理系统，进而推进教育治理现代化作出有益的理论探索。本书的具体思路包括以下五个方面。

第一，本书的分析将教育服务公私合作中的地方政府管理有关理论、管理和实践有机结合。第一章和第二章是解释的观点，通过理性审视中国教育服务公私合作的现实情况，探讨教育服务合作中地方政府管理的理论前提和理论基础，设计出了教育服务公私合作中地方政府管理的分析框架。第三章到第六章是行动的观点，在确定了教育服务公私合作中地方政府的主要管理领域的基础上，分析了各领域如何建构政府的行动逻辑、管理战略和策略。第七章的实证分析是实践的观点，具体考察和分析了浦东新区政府购买公共教育服务的案例，将理论和管理部分的抽象探索具体化，在提供翔实的实践信息的基础上，提出了更前沿的观察和命题。

第二，本书的分析对象主要是教育服务的公私合作。本书中教育服务的公私合作是指教育服务提供过程中的公共供给和私人生产的结合，是公共教育服务在公域、私域和第三域之间的合作提供过程。这种公私合作通常不缩减政府职能的范围，而是将部分或全部公共教育服务交由与政府签订合同的教育市场和教育社会组织生产，以代替政府的直接生产。教育服务公私合作让渡的是生产而非供给或监督的责任，其目的在于更好地提供教育服务。

第三，本书的分析核心是地方政府对教育服务公私合作的管理。教育服务合作提供改变了传统的政府提供模式，而代之以基于平等伙伴关系的合作模式。这种政府组织的边界扩展行为，在扩大政府教育服务能力的同时，也使教育行政的内外部环境发生了显著变化，迫使政府调整和变革其价值理念、政策目标和行为方式，以重构适应性系统，进而实现对教育服务合作提供的有效管理。对于合作条件下的各种新生和衍生问题的管理构成了政府教育管理的重要领域，本书单设了四章分析教育服务公私合作中的主要管理问题，包括教育服务公私合作中的合同管理、关系管理、社会平衡和合法化。这些管理任务要求政府在教育服务公私合作过程中必须具备综合分析和平衡的能力。

第四，本书的分析背景是在中国正在发生的教育服务公私合作。中国正在发生和进行的教育服务公私合作提供的理论和实践构成了主要探讨语境。必须承认，目前中国在公共教育服务公私合作提供方面的学习与实践，主要是以西方工业国家已经比较成熟的教育服务公私合作为参照的。这样做的主要原因是，在全球化的公共教育服务改革运动中，这些国家成为教育服务公私合作政策的发源地和倡导者，相关理论和实践在这些国家获得了较充分的发展。本书的相关理论分析和实证分析在基于中国语境的情况下，吸收和借鉴了西方国家优秀和成功的理论和实践经验。

第五，本书的根本出发点是探讨建构教育治理系统，推进教育治理体系及治理能力现代化。本书对公共教育服务提供方式的探讨，虽然仅从政府管理的视角切入，但是一个重要的目的是探索正在发展中的教育治理的一般性价值，这些价值不局限于教育治理中政府主体的视角，也不局限于公私合作的视角。但可以确定的是，在教育治理的发展过程中，政府需要在更高和更远的战略视角上促进和应对教育治理大格局的形成。

（二）研究方法

本书主要是对教育服务公私合作中的政府管理进行分析，着重从合同管理、关系管理、社会平衡和合法化四个方面展开深入分析。本书主要采用文献研究法、比较分析法、访谈法和问卷调查法等，对当代中国教育服务公私合作中的政府管理问题进行深入剖析和论证。

1. 文献研究法

文献研究法是通过对文献的梳理、整合，进而对事实形成新的科学认知的一种研究方法。近年来，理论界和实务界对中国各地区开展的教育服务领域的公私合作的积极探索，为本书提供了比较丰富的研究素材。本书研究所需的素材借助于文献研究法，获得了大量关于公共教育服务合作提供的事实本相。

2. 比较分析法

在本书的写作过程中大量采用了比较分析方法。尽管中国与西方国家在经济发展、社会制度、民族文化等方面存在明显的差异，但是西方国家在公共教育治理方面的制度建设和治理过程中的成功经验依然可以为我国学习和借鉴。笔者期望通过对比分析，能对中国公共教育服务合作提供的理论与实践发展贡献新的见解。

3. 访谈法和问卷调查法

尽管本书侧重于从理论层面采用较为宏观的方式分析教育服务公私合作中的地方政府管理，但毕竟论题是一个具体的现实性问题，需要作者实地调研，掌握第一手材料。本书以对国内教育领域专家、学者和教育行政部门工作人员的访谈资料为基础。笔者在东部沿海地区如上海、深圳、广州，深入社区、学校和社会组织中，了解和收集了关于政府教育服务项目层面的多方面信息和资料，这为本书的研究和撰写奠定了坚实的基础。

五、研究的主要内容

本书综合运用了委托—代理理论、交易成本理论和社会学新制度主义理论，以中国教育服务公私合作为分析对象，以政府对教育服务公私合作的管理为核心问题，以中国正在发生的教育服务公私合作实践为分析背景，从地方政府管理行为的目的和面临风险的属性两个维度出发，提出了当代中国教育服务公私合作中地方政府管理的四个领域，即合同管理、关系管理、社会平衡和合法化，并进一步深入探讨了在这些领域如何建构政府的行动逻辑、管理战略与策略。本书的主要内容分为九个部分。

第一部分是导论部分。不论是实务界还是理论界，对教育服务公私合作的讨论都开始聚集于能否对其进行有效的管理。针对这一研究背景，提出了地方政府应该如何对教育服务公私合作进行有效管理，这一研究的核心问题，对公私合作、教育服务、教育服务公私合作、教育社会组织等基本概念进行了界定，对已有文献进行了梳理和评析，进一步介绍了本书的研究思路、研究方法、研究内容以及可能的创新和不足。

第二部分是理性审视中国教育服务公私合作的现实情况。主要是梳理中国教育服务公私合作的产生背景以及发展过程，总结中国教育服务公私合作的领域与类型，进一步描述当前中国教育服务公私合作的现状、面临的发展困境，并寻求处理教育服务发展难题的有效方式——加强地方政府管理能力建设。

第三部分是探讨教育服务公私合作中地方政府管理生成的理论逻辑。首先，对教育服务公私合作的环境、主体、影响因素以及边界进行了全面梳理和分析，奠定了教育服务公私合作中地方政府管理的理论前提。其次，对公共服务、公私合作和政府管理的相关理论进行了分类和整合，为建构教育服务公私合作中地方政府管理分析框架提供了理论支撑。最后，在整合委托—代理理论和社会学新制度主义的基础上，设计出了分析框架。教育服务公私合作中地方政府管理的分析框架主要从政府管理行为目的和政府管理面临风险两个维度出发，对教育服务公私合作中的合同管理、关系管理、社会平衡和合法化进行深入探讨。

第四部分是分析教育服务公私合作中的合同管理。合同管理要求建立一个适当的教育服务合同并实现所设定的合同目标。公共教育管理者应该有能力去界定服务的各项标准、发展教育服务合同要约、设计选择承包商的竞争过程、进行合同谈判、监督执行情况、评估合作者绩效，并奖励或惩罚承包商，以实现提高政府公共教育服务供给的能力和效果的政策意图。

第五部分是分析教育服务公私合作中的关系管理。除了合同中设定的短期目标外，教育服务公私合作的长期目标是通过关系管理，赋权给市场和社会，激活市场的和社会的活力，进而发展成熟的教育市场和培育优质的教育社会组织，实现教育服务领域公私制度的接轨，建构起教育服务提供的合作秩序和合作格局。

第六部分是分析教育服务公私合作中的社会平衡。社会平衡要求疏导和缓解社会矛盾。教育服务公私合作的分配和再分配效应创造了赢家和输家，因此可能被认为是不公正不合理的。教育腐败、教育服务恶化会带来公众的抵制。虽然一些教育服务公私合作项目带来的再分配后果是项目本身所期望的，但如果不良再分配后果缺乏事先预知和预防，可能导致抵制性的集体行动，带来新的社会和政治问题。

第七部分是分析教育服务公私合作中的合法化问题。合法化要求改革原有的公共教育权力秩序，不断完善公共教育服务合作提供的合法性基础。公共教育服务合作提供必然会带来公共教育权力、责任和问责性的共享和分担。这对国家垄断政府教育职能的传统观点形成了挑战，可能出现不当教育权力授予、教育服务公共性价值的损害、政府空心化和高度外部依赖、公共责任性的模糊与丢失等情况，从而引起对公共教育服务合作提供合法性的质疑，因此，需要政府在教育服务合作中实施合法化的管理努力。

第八部分是对中国教育服务公私合作的定性考察结果。考察中国政府购买教育服务的实践，以弥补在理论文献上存在的空白。探讨中国政府购买教育服务得以发展的特殊环境，尤其是中国的经济转型及其对于渐进改革路径的选择。这些中国的特殊发展过程造就了认知上的障碍，使得对于在中国广泛存在的购买现象缺乏界定和研究。这部分通过集中分析中国政府购买教育服务的现状，解释中国教育服务提供的基本格局的变化，特别是目前政府在教育服务提供上日益增加的公私合作。在此基础上，进一步以个案分析的形式，呈现中国教育服务公私合作的具体过程及其存在的问题、应对的策略。分析中国的公共教育服务公私合作的机制及其对于制度环境的适应性特征，由此揭示蕴含在公私合作过程中的政治逻辑与路径依赖。

第九部分是结语部分。

第一章　中国教育服务公私合作的理性审视

　　当西方的公共管理学家对于"教育服务公私合作"一词已经出现一定"审美疲劳"的时候，探讨中国教育服务公私合作的实践和理论的文献仍然寥寥无几。这种在实践与学术研究上的中西反差是巨大的。经过四十年的经济和行政改革，中国的公共服务提供模式发生了根本性的变化，公共服务的公私合作已经成为一个兼具政治合法性和现实重要性的途径。公共教育服务具有自身的内在属性，对于教育服务的公私合作，我国各界似乎都达成一种默契——审慎对待教育服务的公私合作。因此公共教育服务的合作提供，相对于其他公共服务的公私合作，在理论和实践方面稍有些滞后。幸运的是，随着 20 世纪 90 年代以来中国教育财政支出的快速增长以及城乡基本公共教育服务的均等化和一体化的大规模推进，教育服务公私合作已经成为中国教育市场改革的一个重要领域。随着实践的开展，也出现了许多失败或者有争议的教育服务公私合作的案例。毋庸置疑，在实践探索中，中国教育服务公私合作的发展遇到了一些困境和问题。通过对文献资料的梳理以及现实案例的考察，笔者发现，在中国教育服务的公私合作无法自发产生，展现出依赖政府推动和管理的发展路径。换句话说，当代中国教育服务公私合作中的政府管理问题已经成为教育服务公私合作能否成功实现、能否有效、能否高效的关键所在。政府管理也日益成为处理教育服务公私合作发展难题的有效方式。

本章主要梳理中国教育服务公私合作的产生背景和发展过程，总结中国教育服务公私合作的领域与类型，依据当前中国教育服务公私合作的现状、面临的发展困境，进一步寻求处理教育服务发展难题的有效方式——强化地方政府管理。第一节主要梳理中国教育服务公私合作的形成与发展；第二节主要归纳中国教育服务公私合作的领域、特征与类型；第三节主要总结中国教育服务公私合作面临的发展困境，提出处理教育服务公私合作难题的有效方式在于加强地方政府管理，不断提升地方政府管理能力。

第一节　中国教育服务公私合作的形成与发展

一、教育服务公私合作的形成过程

新中国成立伊始逐步建立了与计划经济体制相适应的一套教育运行机制和管理模式。这是一种国家与教育高度一体化的教育体制。这时的公共教育出现了严重的泛政治化现象。从政府与学校这两个主体之间严重失衡的不对称关系可以看出：政府全面垄断教育，学校主体性严重缺失。政府集所有权、办学权和管理权于一身，政府对公立学校进行投资，并规定着学校的各项具体决策；学校权利严重丧失，只须不折不扣地执行上级教育行政部门的指示即可。由于学校无法根据效率原则自主地进行资源的优化配置，也不能根据自己掌握和支配的外部信息及时作出预期反应和采取相应行动，更不承担任何产权责任风险，学校发展的内源性动力荡然无存。众多公立学校都面临一个尴尬事实，就是学校运作效率低下、教育资源严重浪费，学校发展缺乏内在的积极性、主动性。

伴随着 20 世纪 70 年代末期开始的当代中国社会转型，1985 年《中共中央关于教育体制改革的决定》（以下简称《决定》）正式出台。《决定》指出，政府对学校统得过多过死，该管的事却没有管好。因此，教育体制改革势在必行，在加强宏观管理的同时，坚决实行简政放权，扩大学校的办学自主权。教育体制改革的推进，意味着在市场介入的情境下，传统的公共教育服务提供，即国家全面垄断教育的局面，将在政府实现教育职能转换之后逐渐退出历史舞台。

公共教育领域引入市场机制和志愿机制，政府、市场、社会与教育之间的多边互动关系开始形成。公共教育服务的供给主体从政府这个单一主体转向国家、市场和公民社会的多元主体。这种多元主体的形成意味着公共教育权力格局的调整，意味着资源由单一的计划分配转向由政府、市场与公民社会这三种机制共同配置资源，供给公共教育物品。这种三元治理结构的发展，逐渐在"政府—市场—公民社会"之间形成了一种共同合作的新型关系。这种新型关系的建立，实质上是对原有的权力和利益关系的一种调整和重构，深刻地影响着我国公共教育体制的改革。在持续深入的教育体制改革中，公立学校的举办者、办学者和管理者从合一走向分离，导致新的力量和新的主体正在改变着教育领域原有的社会关系格局和利益分配机制，教育中的矛盾和冲突也日益表露出来。

教育服务提供主体已由一元开始走向多元，政府已不能也不可能成为教育服务提供的唯一主体。政府、市场和公民社会这三者之间需要用一种新的关系来界定，我们称之为教育服务提供的多主体互动关系。这一新型关系的出现，意味着政府、市场和社会组织之间是一种平等及相互依赖的关系，是一种在互动与合作中解决公共教育服务提供的问题。

从教育改革的实践情况来看，面对公众日益增长的公共教育服务预期、转型期日益复杂的教育问题以及现代教育治理对专业知识和技能越来越强的依赖性，教育决策过程高度集权、教育投入主要依赖财政资源、执行以教育行政机构自身力量为主、教育服务落实以等级权威为主要保障的政府提供公共教育服务的传统机制已经明显地表现出力不从心的状态。国家领导层越来越关注教育管理体制层面的改革和创新，试图寻找一种新的公共教育服务提供模式，打破政府单一服务主体状态，通过重构政府、学校和社会的关系探索公共教育服务提供的新机制。政治高层发布的正式文件指出要根据教育发展的自身规律和教育现代化的基本要求，以构建政府、学校、社会新型关系为核心，形成政府宏观管理、学校自主办学、社会广泛参与的格局。[①]

在这一教育领域综合改革进程中，教育服务的公私合作无疑是最引人瞩目的。教育服务的公私合作是针对深化教育领域综合改革中提出的"政府主导""发挥市场机制作用""鼓励和引导社会力量兴办教育"等改革思路提供的一种可能的改革工具。它对革新我国教育管理体制，推进教育治理体系及治理能力现代化具有积极意涵。

二、教育服务公私合作的发展历程与实践探索

当下中国教育领域的公私合作得到深入实践和发展。教育服务公私合作是政府与其他非政府组织或者个人合作提供公共教育产品的制度安排与政策实践。"公私合作"在某种意义上可理解为"一个合适的制度手

---

① 参见《中共中央关于全面深化改革若干重大问题的决定》,《人民日报》2013 年 11 月 16 日。

段"。①根据这些"制度手段"在实践方式上的不同，教育服务公私合作可分为政策层面和项目层面的实践。政策层面的教育服务公私合作主要是指政府通过法律、法规和规范性文件，提供不针对具体对象、有利于非政府组织或个人参与提供公共教育产品的制度安排；项目层面的教育服务公私合作主要是指政府通过与非政府组织或者个人签订合作协议，在具体项目上合作提供公共教育产品的制度安排。通过政策层面和项目层面的公私合作来提供公共教育服务正逐渐发展成为中国教育领域综合改革的主要方向，也日益成为中国公共教育服务供给的主要方式和途径。

（一）政策层面教育服务公私合作的发展历程与实践探索

1.国家层面的发展历程与政策实践

1982年全国人大五届五次会议通过《中华人民共和国宪法》第十九条第四款规定"国家鼓励集体经济组织、国家企业事业组织和其他社会力量依照法律规定举办各种教育事业"。这是改革开放以后我国第一次在宪法中对社会力量办学作出的原则规定，允许非公有力量进入教育领域，开启了在教育领域发展公私合作模式的大门。此后，在国家层面陆续出台了一系列允许或鼓励非政府组织和公民个人与政府合作提供公共教育产品的政策，改变了政府对教育的垄断局面。通过对这些政策文本的比较分析可以看出：首先，从指导思想来看，在"支持"或"鼓励"民间资本参与办学的同时，强调"正确引导、加强管理"；其次，从合作的主体来看，主体中的一方为政府部门，另一方除了包括企业、事业单位、社会团体以外，还包括外国法人组织等非政府组织及个人；再次，从办学形势看，允许不同程度的"教育民营化"合作办学形式的

---

① Nutavool Pongsiri，Regulation and Public-private Partnerships，*The International Journal of Public Sector Managenment*，Vol15，Nor2，（2002），pp.6-7.

存在，包括民办学校、公办民助、民办公助、国有民办、独立学院、中外合作等；最后，在优惠内容和扶持方式上作出了一些初步探索，如《中华人民共和国民办教育促进法实施条例》首次对"联合办学""合作办学""共同出资""扶持与奖励"等问题作出规定。

2. 地方层面的发展历程与政策实践

国家层面的政策大多为宏观层面的指导性政策或原则性规定，在具体实施中还需要地方政府结合所在区域的实际情况，在国家层面的制度框架内，再出台一些相应的配套政策尤其是出台一些较大的优惠政策与扶持措施，以支持和鼓励当地教育服务公私合作的发展。与国家层面的政策实践相比，地方层面的政策实践具有以下特征：一是优惠政策或扶持措施更为具体和明确，比如有的地方政府明确规定在项目审批、土地供给、规费减免、教师待遇等方面给予与公办学校同等待遇，还有的地方政府对诸如税收优惠、产权归属、学校法人属性、合理回报、经费来源等一直困扰公私合作发展的问题进行了积极探索；二是合作形式更趋多样化，比如，在浙江省政府出台的《关于鼓励社会力量参与办学的若干规定》和《长兴县教育局关于教育券使用办法的通知》中，分别规定了允许以"股份合作"和"教育券"的形式来支持当地民办教育的发展，从而创新了教育领域的公私合作形式；三是合作双方投入的资源更为丰富，双方投入的资源既有有形资源又有无形资源，其中有形资源包括双方投入的人力、物力、财力等，无形资源包括品牌、政策导向与支持、管理经验与技术等方面的内容。总之，地方层面的政策实践极大地丰富了原有国家层面的教育服务公私合作的政策内涵。

（二）项目层面教育服务公私合作的发展历程与实践探索

在项目层面，教育服务公私合作是一种非常有效的制度安排。从中国教育领域项目层面的公私合作实践看，所有项目的实施均与地方层面的政策实践有着密切联系，换句话说，几乎每一个项目层面的实践模式都是在地方层面优惠政策的扶持下发展起来的。经过多年探索，中国教育领域项目层面公私合作的实践模式已趋多样化，这些模式既有某些相似之处又各具特色，且实践效果显著。

通过对项目层面教育服务公私合作实践的系统考察，可以清楚地看到此类政策实践所发挥的积极作用。第一，拓宽教育经费筹措渠道，减缓政府财政支出压力。由于政府不能或不必单方面承担项目所需要的全部教育经费，以民办学校为基本组织形态的公私合作实践大大拓宽了教育经费的来源。比如，在嘉兴的 BOT 模式[1]案例中，2002 年至 2005年，嘉兴南湖教育集团的母公司新湖中宝融资了 1.28 亿元完成了南湖国际实验学校、南湖国际实验中学的建设和嘉兴高级中学、秀洲现代实验学校的续建；在监利租赁托管模式的案例中，翔宇教育集团三年内投资 2.2 亿元，在当地建设了两所"现代化、书院气、花园式"的学校；在北京市十一学校国有民办模式的实践中，该校在十年之间合理吸纳了社会资金达 1 亿元；德瑞集团公司在成都的投资办学过程中，自 1999年以来总投资超过 13 亿元人民币。毋庸置疑，上述教育服务公私合作的模式在以灵活的运作方式对原有教育资源进行扩充与优化的同时，均在一定程度上减缓了政府财政的支出压力。第二，优化教育资源配置，提升学校办学水平。2005 年 6 月，上海浦东新区开展了"管办评"联动机制背景下的委托管理实践，即浦东新区社会发展局委托上海成功教育管理咨询中心管理该区的一所薄弱学校——东沟中学。在委托管理期

---

[1]　BOT 是英文 Build-Operate-Transfer 的缩写，通常直译为"建设—经营—转让"。BOT 实质是基础设施投资、建设和经营的一种方式，以政府和私人机构之间达成协议为前提，由政府向私人机构颁布特许，允许其在一定时期内筹集资金建设某一基础设施并管理和经营该设施及其相应的产品和服务。

间，东沟中学与新区政府的隶属关系保持不变，新区政府保障东沟中学享有与新区其他义务教育阶段公办初中学校同等资源投入与政府保障。2008 年 1 月，受浦东新区社会发展局的委托，上海浦发教育评估中心对东沟中学实施中期评估，评估结果表明师生满意度较之前明显提高、学生成绩显著提高、托管后办学成绩显著；北大附中为明教育集团与各地政府合作的"公建民营"模式则提供了跨区域资源整合与优化的另一个典型案例。在该案例中，为明教育集团以北大附中为依托，与各地政府开办合作办学，每一个合作项目均由当地政府出资建校，学校建成后交由为明教育集团负责运营。目前，该公司在全国各地开办了多所实验学校，在校学生数逾万人。第三，促进了东西部优质教育资源的区域共享。由于我国东西部地区在经济、社会发展水平上的差距，通过公私合作的制度设计为我国东西部之间实现优质教育资源的区域共享和基本公共教育服务的均等化提供了广泛的可能性。例如，四川广元通过引入来自东部的温州新纪元教育发展有限公司的资金和管理建成的广元外语学校，就是东西部合作的典型形态，在一定程度上实现了东西部优质教育资源的区域共享；再如，湖北监利当地政府以租赁和委托管理的方式交由来自东部的江苏翔宇教育集团来建设当地的公办学校，在较大程度上减缓了当地办学教育资源严重短缺的问题。通过建立教育服务公私合作机制，充分整合东西部资源，这种跨区域资源整合的实践模式对于克服区域发展差距、实现国家义务教育均衡发展战略均具有重要的借鉴意义和现实价值。

通过深入考察上述项目层面的案例，我们不难发现，几乎所有教育服务公私合作模式的成功实践均有一个共同的特点：即合作的一方——当地政府均赋予合作的另一方——私营部门以不同程度的优惠政策或优惠条件，诸如赋予承办者经营管理学校的自主权，提供公办学校教师编制或给予学校教师享受公办教师同等待遇的福利，在招生、用人及实行结构工资制度等诸多方面给予大力支持，在当地的招商引资中予以合作企业各项优惠政策或直接提供财政资助等。换句话说，当地政府部门的优惠政策是吸引非政府部门或个人参与合作的必要条件，也是实现教育服务公私合作成功实践的关键所在。没有政府提供的优惠政策和扶持措施作保障，教育服务公私合作将难以实现长期健康发展。这进一步说明，地方政府的有效管理在教育服务公私合作中发挥着举足轻重的作用，加强地方政府管理日益成为教育服务公私合作成功的重要关卡。

第二节　中国教育服务公私合作的领域、特征与类型

一、教育服务公私合作的具体领域

（一）义务教育领域的教育服务公私合作

义务教育领域的教育服务公私合作是公共教育部门与私营部门建立合作伙伴关系，以促进义务教育发展的一种形式。作为一种新型的教育投融资与教育服务模式，它已成为当今众多发展中国家和发达国家义务教育改革与发展的有力抓手，其影响范围和受关注程度与时俱增，被视为改善义务教育不良状况和弥合国际公认目标差距的重要举措之一，受到了联合国有关组织和各国政府的高度关注。

就目前中国义务教育领域而言，在中小学基础设施建设和学校管理方面引入公私合作模式，同样具有十分重要的现实意义。一方面，目前，中国的义务教育领域存在的突出问题包括教育财政投入不足、教育经费压力过大、缺乏科学的管理监督、办学效益不明显等。这些问题已

经引起理论界和实务界的高度重视，针对这些问题的一系列教育改革也正在逐步向前推进，但改革的力度和进度都不尽如人意。具体表现在：我国的公共教育经费占国民生产总值的比重远远低于世界平均水平；我国政府在教育投资上一向倾斜于高等教育，这使得义务教育的资金较为短缺；地方负担为主、中央和省级负担为辅的义务教育经费投入的基本格局又使我国义务教育的发展与当地的经济发展水平密切联系在一起，从而导致义务教育的不均衡发展，农村义务教育的发展处境最为严峻。另一方面，教育投资效益的高低，很大程度上取决于强有力的投资管理和科学的投资方式。长期以来，我国教育财政管理比较薄弱，缺乏科学的管理体制，尤其是采用无偿性财政拨款方式进行教育财政资金的分配，助长了轻视投资效益的倾向，教育经费浪费现象时有发生。此外，在教育基础设施的购置和建设过程中缺乏有效的监管机制，导致学校基础设施存在一定的质量问题，甚至有时会直接危及学生和教师的生命安全。在我国义务教育投融资、基础设施建设与管理层面借鉴和推广国际义务教育公私合作模式的先进经验是十分必要的，这可以成为加快我国教育改革与发展步伐的有效手段之一。

（二）非义务教育领域的教育服务公私合作

本书中的非义务教育领域主要包括幼儿教育、高等教育、职业教育、继续教育、终身教育和培训领域。近年来，教育领域的教育服务公私合作研究开始关注非义务教育领域，如：杨金亮较早探索和研究在终身教育、职业教育和高等教育领域的新型公私部门伙伴关系[1]；孙洁探讨了我国在高等教育改革中如何采用公私合作管理模式并进一步指出公

---

① 参见杨金亮：《探索公私部门在终身教育、职业教育和高等教育领域的新型伙伴关系》，《教育与职业》2005年第22期。

私合作是促进高校改革健康发展的理想途径[①]；程介明也认为高等教育发展的新趋势是公私合作的政策选择[②]。

从理论视角看，要实现中华民族的伟大复兴，首先必须提高我国的公民素质，为此，政府必然会重视职业教育、继续教育、终身教育和培训领域。义务教育领域，民众已呼吁教育经费不够，教育资源不平衡，若非义务教育领域也仅靠公共财政教育经费承担，那公共教育经费资源会更捉襟见肘。笔者认为相对于义务教育领域，非义务教育更需引入公私合作。从理论分析，《中华人民共和国义务教育法》对义务教育的教学经费保障有明确法律规定；而高等教育、职业教育、继续教育、终身教育和培训等非义务教育领域，财政经费保障不具有义务性。实际上，财政部国际司巨奎琳副司长指出："职业教育、终身教育在我国刚刚起步，市场需求潜力巨大。中央财政确保支持力度的同时，将更加注重开拓非政府渠道，积极引导和促进民营资本的参与。"[③] 比如，《社会力量办学条例（1997）》颁布前，全国有民办高校 15 所，在校学生 1.2 万人；《民办教育促进法（2002）》颁布前，全国有民办高校 89 所，在校学生 14 万人；2007 年全国有民办高校 287 所，在校学生 150 万人。[④] 以上论述进一步说明，引入社会力量办学，推进教育领域政府、市场和社会的合作才是深入推进我国非义务教育领域各类教育事业发展的主要途径和方式。

---

① 参见孙洁：《在高等教育改革中如何采用 PPP 管理模式》，《财政研究》2007年第 3 期。

② 参见程介明：《高等教育发展的新趋势：公私合作的政策选择》，《教育发展研究》2009 年第 11 期。

③ 杨金亮：《探索公私部门在终身教育、职业教育和高等教育领域的新型伙伴关系》，《教育与职业》2005 年第 22 期。

④ 参见李维民：《民办教育的回顾与展望》，陕西出版集团、陕西人民出版社2010 年版，第 3 页。

非义务教育领域公私合作的发展和研究，将是我国职业教育、终身教育、高等教育和培训领域发展的趋势之一。具体而言，政策层面应向非义务教育领域公私合作倾斜；在政策引导下，非义务教育领域项目层面需要进一步创新理论研究和实践探索。我国对职业教育、终身教育和培训领域的公私合作的研究可以说微乎其微，还需要学者进一步充实、发展和完善关于教育服务公私合作的相关研究。

二、教育服务公私合作的主要特征

教育服务公私合作具有动态性、复杂性和多样性。首先，政府、市场和公民社会作为教育服务公私合作的组成要素，其本身在变化趋势上具有动态性，在结构形态上具有复杂性，在差异形态上具有多样性；其次，由政府、市场和公民社会所组成的教育服务公私合作具有动态性、复杂性和多样性。在不同国家、地域的不同的历史文化背景、社会经济发展水平、复杂而具体的教育问题中，政府、市场和公民社会在教育服务公私合作中所形成的组合形态、互动形态和博弈形态是不同的，其承载的提供教育服务的功能、价值、意义也会有所不同，呈现出教育服务公私合作的复杂性和差异性。从时间序列的发展来看，教育服务公私合作又是一个不断变化与调适、互动与生成的动态发展过程。在政府、市场和公民社会三要素的博弈过程中，会形成不同的组合点。每个组合点都需放在特定的国家、地域特征、教育发展进程中进行具体分析，而不能笼统地一言以蔽之。在不同组合下的教育服务公私合作中，我们可抽取一些共同的特征加以理解和分析。

（一）政府、市场和公民社会在教育服务公私合作中的角色定位

对于政府而言，在教育服务公私合作中有两个基本的角色：掌舵者

和参与者。掌舵者指政府是教育服务公私合作的模式、方向、结构的主要规划者。为实现在教育服务公私合作中的"掌舵者"角色，政府承担的教育职能主要有：教育事业发展规划、教育法律与政策的制定、教育资源的配置（人、财、物）、教育质量的评估与监控等。在"掌舵者"的角色定位下，政府在教育服务公私合作中要建立和完善教育服务公私合作的激励机制、制约机制和保障机制。通过相关政策设计和制度完善，扶持和保障公民社会的发展壮大，市场的逐步完善；对提供优质教育服务的公民社会参与者和相关市场主体给予奖励，运用各种激励手段扶持、促进两者的发展；同时通过相关法律、合同约定、评估与监管、社会舆论监督等制约手段，规避教育服务公私合作中的腐败与寻租行为。

政府的第二个基本角色就是参与者。在具体、微观的教育服务提供过程中，政府既可以是教育服务的生产者、提供者，也可以是教育服务的消费者。作为教育服务的生产者，政府同样要接受来自教育服务消费者的检验和参与教育市场的竞争，服从教育市场的规则。如果政府生产教育服务缺乏效率、服务质量低下，就可能会在市场、公民社会教育服务提供的博弈中让渡更多的教育服务生产职能。作为教育服务的参与者，其与公民社会组织或市场中的营利性教育机构签约，形成以契约为基础的平等的商品交易关系。一方面，政府作为平等的参与者，可以以契约为依据，对教育服务生产者的履约或违约行为给予付费、奖励或处罚；另一方面，当公民社会组织和市场中的营利性教育机构与政府发生冲突与纠纷时，相对处于劣势地位的公民社会组织和市场中的营利性教育机构同样可依据契约，通过法律的渠道依法主张机构的正当权利。

对于市场和公民社会来说，在教育服务公私合作中也有两大基本角色：参与者与博弈者。参与者是指市场与公民社会同政府一样，三者之间共同参与到教育服务公私合作中来。作为教育服务公私合作的参与者，市场和公民社会要遵守教育服务公私合作框架中的相关政策与法规，在教育服务的提供与生产中展开公平、公开的竞争，依据相关政策法规合理主张自我的权利和利益。市场和公民社会作为教育服务公私合作中的博弈者，是指政府作为教育服务公私合作的"掌舵者"，不是一个单方面的、独断的引导教育服务公私合作方向的过程。相反，伴随民主化进程的推进，任何教育政策的制定都成为各方教育利益团体相互博弈、相互妥协的过程。在教育服务公私合作的过程中，市场、公民社会、政府将形成一个"博弈现场"，任何一项教育政策的制定归根到底都会受到来自市场、公民社会的影响，市场与公民社会越来越成为重要的利益主体和政策影响者。政府、市场、公民社会在教育服务公私合作中功能互补、利益博弈、服务提供的合作共生中彼此调适，共同推进教育治理体系和治理能力的现代化。

（二）政府、市场和公民社会在教育服务公私合作中的关系

政府、市场和公民社会三者之间在教育服务公私合作中的关系可概括为竞争与合作、协商与互动的伙伴关系。

竞争：在某些教育服务提供领域，可在政府、市场和公民社会之间引入竞争，促进政府、市场和公民社会之间的合理竞争，在竞争中降低政府教育服务供给的垄断，改善政府的工作效率，增强政府的改革动力，起到"鲶鱼效应"竞争同时可促进公民社会的强大，在众多教育服务供给的公民社会组织中，在公平、有序的教育市场中可以筛选、培育出顺应市场需求、具有较高专业资质的教育中介组织。同时，竞争本身可促进教育市场的完善与有序。

合作：政府、市场和公民社会之间作为教育服务提供的主体存在竞争，但更重要的是彼此合作，共同实现教育服务供给机制的多样化和教

育服务供给的高效率与高质量，满足社会公众多元的、可选择的、多样的教育需求。政府与公民社会、市场之间合作的前提在于政府对三者之间职能边界和角色定位的正确认识。政府与公民社会、市场之间的合作在不同层次的教育领域形态不同、方式不同。三者之间合作的动力在于谋求各主体间的合作共赢式发展。

协商：政府、市场和公民社会三者之间协商的前提在于彼此之间存在权力依赖。权力依赖指的是：致力于集体行动的组织必须依靠其他组织；为达到目的，各个组织必须交换资源、谈判共同的目标；交换的结果不仅取决于各个参与者的资源，而且也取决于游戏规则以及进行交换的环境。[①] 在教育服务公私合作中，要真正实现政府、公民社会和市场三者之间的平等协商，须培育和发展相对薄弱的公民社会和市场，增强公民社会参与者和市场主体的参与意识和能力，搭建三者平等协商的平台，使每一次教育政策的制定过程都成为政府、公民社会和市场三者之间相互影响、博弈、协商和妥协的过程。

互动：互动是社会动力的主要表现形式。每一次的互动都包含了三个要素：行动层次、结构层次和个体层次。互动具体可区分为干扰、相互影响和干预。干扰、相互影响和干预都有一个共同点，即它们基本上都是两个或多个行动者之间的动力关系，其差异主要在于组织的形式以及引导的程度。[②] 在教育服务公私合作中，政府、市场和公民社会之间的互动主要表现为三者之间在行动、结构和个体层面上的干扰、相互影响和干预。三者之间互动的过程同时是一个博弈的过程，是解决教育问题和制定教育政策的过程。当政府、公民社会和市场三者都很强大时，公民社会、市场会有力地对政府形成影响和干

①　参见俞可平：《治理与善治》，社会科学文献出版社 2000 年版，第 32 页。
②　参见俞可平：《治理与善治》，社会科学文献出版社 2000 年版，第 223—224 页。

预。但一般情况下，政府作为教育服务公私合作的"掌舵者"，三者之间的互动不是平等平衡的过程，而更多地表现为政府对公民社会和市场的干预。

三、教育服务公私合作的基本类型

教育服务公私合作呈现出多样化的类型，每种类型皆有不同的要素、设计特点和现实背景。对于教育服务公私合作类型的划分并不是绝对的，当前理论界和实务界对其类型的划分也未达成共识。基于相关文献的梳理，笔者尝试将当前中国教育服务公私合作分为七种类型：一是私营部门慈善行动计划，即私人慈善机构捐款资助教育，旨在提高公立学校的办学质量，也在于为低收入家庭儿童提供救助；二是公立学校经营行动计划，即教育当局直接与私营机构立约对公立学校进行经营或负责管理公立学校某些方面的运作，尽管这些学校由私人经营，但仍属于公有和公助学校；三是私立教育政府购买行动计划，即政府与私立学校立约以公共经费提供教育服务；四是代用券与仿代用券行动计划，即政府资助学生到私立学校就读；五是学校救助（收养）计划，即私人合作伙伴提供现金和实物资源以补充政府对公立学校的资助；六是学校能力建设行动计划，即私人合作伙伴提供教师培训和课程发展计划；七是学校基础设施行动计划，即私人合作伙伴依据与政府签订的长期性契约对公立学校的基础设施进行设计、投资、建设和经营。下表是关于基础教育服务公私合作行动计划的实例与基本特点。

表 1-1　基础教育服务公私合作行动计划的实例与基本特点

公私合作类型	实例	基本特点
私营部门慈善行动计划	教育慈善行动	1.最常见的基础教育公私合作形式之一；2.旨在加强学校管理和经营；改善劳资关系，以改进城市公共教育；3.资助少数民族和市区贫困的低收入家庭学生
	社团基金计划	1.由社团基金会联合会协调运作；2.对学校的建房、设备、教材和教师培训提供资助。
公立学校私营行动计划	特许学校	1.特许学校的经营条例少于公立学校，但必须满足更多的绩效要求；2.学校对学生免费；3.学校可由社区经营，也可将经营权转让给营利性或非营利性经营机构
	政府学校经营	1.政府负责公职教师工薪，合作组织自行聘用教师；2.经营契约规定，合作组织向每所学校基础设施投资一定资金；3.合作组织不享有对政府职员的行政控制权——他们仍属于政府工作人员
私立教育政府购买计划	私立公助计划	1.政府立约购买私立中学学位；2.支付金额视教育层次而定；3.学校须获特许，且须保持适合于招收资助生的学业标准
代用券与仿代用券行动计划	有针对性个人补贴	1.代用券供低收入家庭子女上学使用，仅适用于注册独立学校；2.代用券面值为公立教育平均费用的110%；3.代用券计划由代表独立学校的组织负责管理
学校救助（收养）计划		1.私营机构成为教育伙伴，为公立学校的发展和现代化提供支持；2.救助者在税收方面可享受优惠政策
能力建设行动计划	教师集体培训	由基金会运作，注重农村小学教师专业发展。
学校基础设施行动计划	私人融资计划	1.基础设施的设计、建设、资助和经营均由私营部门立约合作完成，契约期为30年，私营部门的收入与效益挂钩；2.目前大多数新型教育设施的建设皆采用私人融资模式
	学校私人融资项目	1.依据长期性契约，私营部门负责公立学校的融资、设计和施工；2.私营部门负责校舍和用具的清洁、维修、修理、安全、使用等服务

资料来源：原青林、单中惠：《基础教育公私合作伙伴关系模式：问题与启示》，《教育研究》2009年第9期。

需要补充的是，并不是所有的教育服务公私合作都完全适用于上述分类。首先，不同的教育服务公私合作计划或项目即使在设计特点上有许多相似之处，也可能划归到不同的类型中。例如，政府购买行动计划和代用券计划就有许多方面的相似之处，但它们的区别在于前者必须包括政府与私营部门之间的正式立约，而后者则无须立约。其次，有些教育服务公私合作计划或项目包含了与其他行动计划或项目共同的要素，但适当的分类可能取决于教育服务公私合作计划或项目的实施方式和经营条例的性质。

第三节　中国教育服务公私合作的困境及处理

从我国教育公私合作的实践看，通过发挥"公"与"私"两种体制资源的互补优势在一定程度上促进了我国教育制度创新，缓解了政府财政支出压力，提升了学校办学水平，从而满足了公众对优质、多元和个性化教育服务的需求。但是，由于公私合作是我国教育改革进程中出现的新事物，且受传统观念、政策环境、各地经济发展水平的差异以及教育活动本身的复杂性等因素的影响，现阶段还存在诸多困境，需要进一步理论研究和实践探索。

一、当前教育服务公私合作面临的发展困境

（一）教育政策歧视

在我国教育领域政策层面的公私合作实践中，虽然国家和地方政府均对允许或鼓励社会力量参与合作办学做了较为明确的规定，但在具体

实施过程中，政策歧视却已经成为普遍现象，义务教育阶段民办学校未能享受公共财政资助就是政策歧视的一个突出案例。2007 年，国家对农村义务教育实行免费政策，2008 年，国家进一步宣布对城市义务教育实行免费。但事实上至今仍有 8000 多所义务教育阶段民办学校的 900 万名在校学生没有或基本没有享受《中华人民共和国义务教育法》已经明确规定了的财政资助。再如，《中华人民共和国民办教育促进法》明确规定，民办学校的教师与公办学校的教师具有同等的法律地位。但实际情况是不"同等"的，表现之一就是民办学校教师与公办学校教师不能享受同等的社会保障制度，目前大部分民办学校的教师在社会保障方面所参与的都是企业养老保险制度。在现行社保体制下，民办学校教师退休后领取的养老金将比相同资历公办教师退休后领取的养老金大约少 50%。应该说，目前存在的一些民办学校、对民办学校教师和民办学校学生的歧视政策，已经威胁到民办教育的健康和可持续发展。2009 年 11 月发生的"成都教师集体罢课事件"，表面上是成都实验外国语学校和成都外国语学校因教师绩效工资问题而引发的劳资纠纷，究其根源仍是长期政策性歧视导致学校转制后教师身份等问题未得到妥善解决而造成的。针对上述政策歧视问题，《国家中长期教育改革和发展规划纲要》第十四章第四十三条中明确指出要"清理并纠正对民办学校的各类歧视政策"，而建立权责明确、运行规范的"公私合作"恰是解决政策歧视的有效途径。

（二）政府规制失衡

在项目层面的公私合作实践中，政府一方面对属于学校办学自主权的具体办学行为干预过度，比如对民办学校收费水平的严格限制、对民办学校招生方式和招生地域的严格管制、对民办高校办学层次和专业设置的严格审批等，这些对民办学校的微观干预行为背离了民办教育发挥市场机制配置作用的基本要求；另一方面对政府相关决策和学校办学行为的信息披露不完整、不透明、不规范，公众无法了解政府与民间合作的具体内容、双方的权利与责任，也不知道公共资源的配置方式和配置规则，导致公众对此类学校一直抱有"国有资产流失""破坏教育公平""导致不公平竞争"等方面的疑问和担心。"国有民办"学校和独立学院是这方面的典型案例，学校虽然成立了董事会，但校长仍由政府任命，而且必须对上级政府和主管部门负责，董事往往成为名誉上的称号，学校并没有实现真正的自主管理。

（三）多元风险突发

公私合作方式的运用既为改善教育服务带来了希望，同时也携带了诸多风险，教育改革者对此必须给予足够的重视和深入的研究。

首先是道德风险。教育服务公私合作中的道德风险是针对各种签约后机会主义行为的一个通用概念。道德风险的存在严重影响和妨碍了教育服务委托代理当事人双方忠实地履行契约条款。道德风险的诱因是多方面的：一是教育服务合同的不完备性。由于主客观各种因素的影响，不可能全面考量所有与合同履行可能相关的环境因素，外部环境的变动和人类的有限理性使得外包合同的不完备性远远超过人们的预判。二是教育服务合同中通常包括大量的书面条款，如何解释这些条款直接影响到教育服务合同外包中双方的权利义务关系，合同双方对于相关书面条款解释上的差异将会引发只能在法院中解决的冲突。尽管教育服务合同内容的最终裁决是法官，但是司法的标准本身会受到时间和环境变迁的影响。三是我们无法保证教育服务合同当事人各方都会严格履行合同，教育服务合同条款的模糊为机会主义行为和从合同中攫取不正当利益的策略行为提供了可能，即便这些行为严重背离了现代企业精神。四是签约方发现教育服务合同的过失、合同欺诈行为以及不遵从合同条款行为存在滞后性,这为过失行为乃至犯罪行为提供了可能,有一些过失行为或不当行为是能够予以纠正或弥补的,更多的过失或过错事实上是无法补救的,尽管教育服务合同双方都可以采用诉讼的方式维护各自的权益,但是诉讼所花费的冗长时间和诉讼结果的不确定性无疑会影响到合同双方对诉讼方式的选择。

其次是寻租风险。教育服务公私合作过程中的寻租风险包括设租和寻租两个方面:设租是指作为发包商的政府利用公共权力对服务外包全过程进行控制,人为设置需求障碍,以图营造获得非生产性利润的环境与条件;寻租则是指公共服务的生产商利用合法或非法手段获得供应特权以占有租金的活动。从实践来看,教育服务公私合作过程中的寻租风险可以发生在教育服务需求确定、评标定标、外包方式选择、信息发布、履约验收等各个环节中,个别政府官员甚至会运用拖延或拒付资金的方式,从诚实的教育服务合同承包商那里勒索钱财。此外,大量教育服务合同外包的实践表明:腐败问题充斥着整个教育服务合同承包的过程,形形色色的操纵投标过程、贿赂和回扣现象很难被消除。

再次是新垄断风险。实现公私合作之后,教育服务的生产者由公共部门转向私营部门,原有的公共垄断可能会随之而转为私营垄断,进而产生对公众利益非常不利的局面。在教育服务公私合作过程中引入充分的竞争在理论上可行,但实施起来困难重重。此外,竞争对于教育服务公私合作而言也不一定是绝对的好事,因为竞争以及由此带来的转换承包商可能会威胁到教育服务项目的连贯性。竞争本身的特性会导致教育服务中断,它将高额的交易成本强加给买卖双方。

最后是政府合法性风险。教育服务公私合作为改善公共教育服务供给带来了希望,但是其结果并不能随心所愿。教育服务公私合作必然会带来公共教育权力、责任和问责性的共享和分担。这对国家垄断教育职能的传统观点形成挑战,可能出现不当教育权力授予、政府公共性价值的损害、政府的空心化和高度外部依赖、公共责任的模糊与丢失等情况，从而引起公众对教育服务公私合作的合法性的质疑，同时也可能成为批评者质疑其合法性的武器。尽管在传统权威型治理模式下，公共服务供给体系的弊病广受诟病，但是很多事实表明公众对于私人部门服务的期望状态要高于对政府部门的期望状态，由此导致公众对于政府的容忍度要高于对私人部门的容忍度，在市场力量介入公共教育服务领域之后，效果一旦不尽如人意，公众的反应和反对呼声往往是很强烈的，政府合法性因此会面临危机。

二、处理教育服务公私合作难题的有效方式：强化地方政府管理

（一）在教育服务公私合作中强化地方政府管理的必然性

1. 提供公共教育服务是政府的基本公共职能

首先，教育服务是公共物品。回顾人类教育的历史发展进程，我们可以发现：在最初的原始社会、奴隶社会、封建社会，教育主要是以私人物品的形式呈现的，而随着近代社会经济的发展，义务教育体系的建立使教育逐渐成为国家的事，其公共物品的属性日渐显现。笔者认为教育服务既可以成为公共物品，也可以成为私人物品。因为，教育服务是公共物品或是私人物品并不是教育服务的本质属性，而是教育服务在历史发展过程中的衍生属性。在不同的历史发展时期，教育服务会呈现相对主导的属性和特征，而不是绝对意义上的属性和特征。当前各国都将教育视为公共物品或准公共物品，国家承担教育资源配置的主要责任成为各国教育改革发展所形成的共识。

其次，提供公共教育服务是政府的基本职能之一。第一，公共选

择理论认为，政府是公共物品的最佳提供者。这是由公共物品的非排他性、非竞争性和外部性所决定的。公共物品的非排他性，使人们在消费此类产品时，并不排除其他人的消费。这就容易造成"搭便车"现象，即人们都倾向于在公共物品消费中坐享其成。公共物品非竞争性的特点，使市场中的价格机制和竞争不起作用。而一些诸如国防、公路建设等公共物品，依靠个人、社区或某些团体的力量无法调动整个社会资源加以建设。当某类公共物品处于稀缺状态时，如果没有政府的制度和法律约束，就会出现只有人消费而没有人建设的"公地灾难"问题。因此政府是公共物品的最佳提供者。第二，政府可提高公共物品供给的效率。政府在提供公共物品的过程中，通过颁布法律、政策和完善相关制度，可以有效节约人们的信息成本，发挥公共物品提供的规模效应，并通过征税、提供补贴等政策手段来配置资源，提高公共物品提供的效率。正如美国公共选择理论的代表人物缪勒所言，"政府，作为一种实现帕累托最优资源配置的机构，其存在会减少人数众多时获取个人关于公共物品和外部性的偏好的信息所需的交易成本和谈判成本。"①

教育是为培养合格公民、劳动者和专门人才的一项民生工程。面向国民的教育，必须优先彰显教育的公益和平等。作为公共物品或准公共物品的教育服务，具有强大的正外部性。教育办得好不好，关系到我国人才素质的整体提高，关系到国家的繁荣昌盛。因此，向社会公众提供优质、高效的公共教育服务，是政府义不容辞的责任和基本的公共职能。政府可借助各种政策工具来履行和实现这一职责，但不能以任何借口来推托和放弃这一职责。

---

① ［美］丹尼斯·C.缪勒：《公共选择理论》，张军译，三联书店上海分店1993年版，第45页。

2. 政府在教育服务供给中的定位

因为教育具有强大的正外部性，因此世界各国大都将教育视为公共物品或准公共物品，但政府是不是应该承担所有种类、所有内容的教育服务呢？在一定的社会经济发展水平下，每个国家的公共资源、公共财政都是有限的，政府不可能包揽所有的教育服务产品，20 世纪 70 年代末世界各国"从摇篮到坟墓"的社会福利体系的瓦解就是一个例证。在不同的社会经济发展条件下，政府在教育服务供给中的边界和角色定位是不同的。

首先，政府在教育服务供给中的边界定位。如前所述，教育服务可分为公共教育服务、准公共教育服务和私人教育服务。政府承担公共教育服务提供是责无旁贷的。因为公共教育服务就是一个国家应向社会公众提供的基本的、普惠的教育服务，比如，义务教育具有纯公共产品的性质，19 世纪末 20 世纪初世界各国普遍建立了义务教育制度，实施不同年限的免费的、强迫的、普及的学校教育。对于公共教育服务，政府必须担负起应尽的责任，采取各种政策措施保障公共财政的充足投入，均衡配置教育资源，确保每一位公民不分性别、种族、民族、家庭财产状况和宗教信仰等，都能依法享有这些公共教育服务。但政府所承担的公共教育服务的类型和内容是随着国家的经济发展不断变化的。当一个国家的经济发展较落后、财力不足时，政府承担的公共教育服务可能只是教育服务中最基本的、保底的教育服务。而当一个国家的经济较发达、财力充足时，政府可能不仅承担最基本的公共教育服务，而且要将准公共教育服务甚至私人教育服务的一部分也纳入公共财政保障的范围内。

在国家财力一定的状况下，政府总是以公共财政优先承担公共教育服务的提供，然后才是准公共教育服务、私人教育服务的提供。对于准公共教育服务和私人教育服务而言，政府并不是完全没有责任，政府同样要承担起政策制度的规划、制定，调控教育服务提供所需的政策环境和市场环境，监管教育服务提供的全过程等。对于准公共教育服务和私人教育服务而言，政府可根据受益者的支付能力和"谁受益谁付费"的原则，通过合理的政策设计，由政府、个体、组织等多方共同付费。从政府提供教育服务的方式而言，无论是公共教育服务、准公共教育服务还是私人教育服务，是由政府直接生产并提供，还是由政府向教育中介组织购买后提供，则更多地取决于教育服务的性质与类型、条件是否成熟等因素。

其次，政府在教育服务供给中的角色定位。政府提供教育服务有两种方式：第一，政府直接生产并向社会公众提供教育服务。比如，政府既是学校的所有者、办学者，还是学校的管理者。第二，政府不亲自生产教育服务，而是通过向市场中的教育中介组织购买教育服务，再提供给社会公众。在第一种教育服务的供给方式中，政府既"掌舵"又"划桨"，既是"裁判员"又是"运动员"。政府在教育服务的提供中，生产者和提供者的身份是统一的、重合的。同时政府既是生产者，又是自身生产的监管者。在第二种教育服务的供给方式，即政府购买教育服务中，政府的提供者和生产者的身份发生了分离，政府仍然是教育服务的提供者，但不再是教育服务的生产者。换言之，在教育服务的供给过程中，提供与生产是可以分离的。提供指的是谁为产品或服务付费，以供人们消费；生产是指由谁来从事产品的具体生产。在政府购买教育服务的过程中，政府不仅实现了生产者和提供者的分离，还实现了生产者和监管者的分离，不再自己生产自己监管，而变为教育中介组织生产，政府监管。

21世纪将市场的公平竞争机制、自由选择机制引入到教育领域中来，改变政府垄断教育服务提供的局面，实现教育服务供给主体的多样化，这已成为许多国家公共教育体制改革的一个基本思路。伴随政府提供教育服务方式和角色的改变，计划经济时代的全能干预式政府已不能完全适应社会的发展变化，而哈耶克式的"守夜人"政府同样也不能适应社会发展的需要，政府正在向服务型转变。

（二）在教育服务公私合作中强化地方政府管理的重要性

要解决现阶段我国教育领域公私合作面临的教育政策歧视、政府规制失衡以及多元风险突发等发展困境，笔者认为，主要取决于在教育服务公私合作过程中地方政府有效和高效的良性管理。

因为，公共教育服务的合作提供本质上是政府组织的一种边界扩展行为。通过缔结市场合同或其他市场手段，政府与以前仅仅存在垂直关系的一般教育管理关系的非政府主体间建构了平行的教育服务公私合作关系，借此将活动领域拓展到了政府组织原来的边界之外。教育服务的公私合作创作了新的任务环境，需要政府去掌握和控制教育服务公私合作提供的过程，以对公共教育服务公私合作过程实施有效的管理。从这个意义上讲，政府对教育服务公私合作提供的潜在问题的认识以及处理这些问题的战略，将决定它是否能够成功地实施公共教育服务的合作提供。

另外，从当下中国教育改革实践中，笔者深切地感知到"管理问题应上升为教育服务公私合作的核心问题"。因为，当教育服务公私合作成为跨越文化、制度和发展差异的实践时，在价值上的应然判断和政治争论应该适时淡化，学术研究的核心应该聚焦于对教育服务公私合作行为的认知和有效管理。这并不意味着教育服务的公私合作要走向"价值中立"，相反，教育服务公私合作的价值可接受性，其实证基础是在教育服务合作过程中对于不同价值、制度、利益和行动者的连续的有效协调。教育服务的公私合作缺乏先验的价值支持——其价值基础是在公共教育管理的实践中不断创造和累积的。这种实用主义的价值积淀路径，表明教育服务的公私合作随时需要接受来自实践的检验和修正。

政府管理问题上升为教育服务公私合作成败的核心问题，反映了公私部门的合作从思想向行动、从简单向复杂、从交易向共赢、从风险与利益共享向权力共享的发展；反映了在这个发展过程中出现的一系列未预期的结果和应对的需要。当国家不同程度地从直接的教育服务生产者转化为教育服务的购买、组装和监督者，当合作领域逐步渗透到公共教育决策及其执行过程，以及传统上有国家垄断的教育核心职能领域，则公私合作在客观上造成政府和私人部门之间的权力共享和界限模糊。原有的公共教育行政体系的需求结构、标准操作程序、技术、人力资源构成、业绩衡量标准、职业伦理、权利与责任归属等都需要重新适应。公私合作并非万灵药，相反，政府在试图利用非政府部门来实现公共教育目的的时候，同时带来了新的成本、风险和不确定性。对主要的限制性因素的理解、消解，是实现公私合作的政策和管理意图的必要前提。公私合作对于理顺国家—市场—社会关系、完成政府职能转型、构建现代公共教育服务体系的重要意义，要求政府在教育政策和管理实践中发展对公私合作进行有效管理的能力。

在教育服务公私合作几乎无处不在的今天，探讨政府管理教育服务公私合作的能力显得尤为重要。在教育服务公私合作日趋多样化而导致政府管理内容日趋多样化和复杂化的情况下，政府有必要发展整体协调管理能力。

笔者认为，首先，成功的教育服务公私合作意味着政府行动要实现以结果为导向的目标获取和以过程为导向的环境控制。目标获取主要是地方政府通过利用非政府部门的组织来寻求良好的教育经济和教育管理绩效，实现有效、高效、节约的公共教育服务提供。环境控制旨在规避风险，化解政治、制度的不确定性，地方政府避免引发负面的政治或社会后果，建立新的合法性符号和社会共识，为教育服务公私合作创建一个安全和有利的环境。其次，成功的教育服务公私合作也意味着政府对于教育服务合作过程中产生的各种风险，进行有效预防和控制。审视中国公共教育服务改革的实践，越来越多的领域都在引入公私合作，而且有加速的趋向。教育服务公私合作中如果没有风险控制的意识并采用相应的控制策略，改革结果的偏离甚至是背道而驰就不会是偶然的事情。

第二章　教育服务公私合作中地方政府
管理的理论逻辑

20 世纪 70 年代以来，教育服务公私合作的相关改革实践已经在不同制度背景和发展阶段的国家中迅速展开，并取得了一般的合法性，成为教育领域内的革新、效率和有效治理的代名词。当前中国的一些地方政府已经在一定程度上尝试通过与外部组织的合作来生产和递送各类教育服务。教育服务的公私合作①实践正在逐渐改变着教育服务的形态和逻辑，促使人们去认真思考政府、市场与公民社会在教育服务提供中的重新定位与能力发展。在政府与其合作者的合作关系深化甚至政府出现空心化的今天，实际的公域、私域、第三域边界就不再像以前那样清晰可辨了。教育服务公私合作的核心问题早已不局限于在价值上的应然判断和政治争论——它已成为跨文化、制度和发展差异的共识。当前，对教育服务公私合作的讨论开始聚集于能否对其进行有效的管理。管理问题已经成为教育服务公私合作的核心问题，这反映了公共部门、私人部门、第三部门之间的合作从思想向行动、从简单向复杂、从交易向共赢、从风险与利益共享向权力共享的发展；也反映了在这个发展过程中出现的一系列未预期的结果和应对

---

① 这里所讲的"公私合作"是广义的公私合作，即包括第三域的公域、私域和第三域的合作。如不特殊说明，本书各处所讲到的公私合作都采用其广义内涵。

的需要。当地方政府不同深度、不同广度地从直接的教育服务生产者转化为教育服务的购买、组装和监督者，当公私合作领域渗透到公共教育决策及其执行过程，则教育服务公私合作在客观上造成政府、市场和公民社会之间的公共教育权力的分享和责任的模糊。原有的公共教育行政体系的需求结构、标准化操作程序、技术、人力资源构成、绩效衡量标准、职业伦理、权利与责任归属等都需要重新适应。教育服务的公私合作并非万灵药，相反，地方政府在试图利用非政府部门来实现公共教育的目的的时候，同时也带来了新的成本、风险和不确定性。对主要的限制性因素的理解、转化和化解，是实现教育服务公私合作的政策和管理意图的必要前提。教育服务的公私合作对于理顺教育服务合作提供过程中政府、市场和公民社会的关系、完成政府教育管理职能转移、构建现代公共教育服务体系的重要意义，要求地方政府在政策和管理实践中发展对教育服务公私合作进行有效管理的能力。在教育服务公私合作几乎无处不在的今天，探讨地方政府对教育服务公私合作的管理领域、过程及能力显得尤为重要。

教育服务公私合作中的地方政府管理研究，是对以公私合作为基础的公共教育服务有效供给的深入探索，其理论前提是在教育服务公私合作中政府、市场与公民社会关系是怎样的？支撑政府管理教育服务公私合作过程的理论有哪些？地方政府应该从哪些领域着手去管理教育服务的公私合作？对这些前提性问题的回答是政府管理在理论上得以成立，在实践中得以实施的前提和条件，本章力图解决并回答这些问题。在此基础上，本章第三节将尝试建构一个教育服务公私合作中地方政府管理的分析框架。

第一节　教育服务公私合作中地方政府管理的理论前提

在前资本主义社会中，民众不具有现代公民的政治、经济和社会方面的诸多权利，政府对民众是一种统治与控制，公私合作无从谈起；在近代社会、现代社会"政府—市场"的二元治理中，政府失灵与市场失灵现象的出现，教育的公益性和公共性要求使教育服务的公私合作提供无法实现。只有在"政府—市场—公民社会"的三元社会结构下，教育服务的公私合作提供才有可能得以实现。教育服务的公私合作模式源于"公域—私域—第三域"社会结构的形成，源于政府、市场、公民社会这三种治理工具存在各自的优势与限度，只有将三者以恰当的结构加以组合，形成合力，才有可能为错综复杂的教育服务问题寻求到最优解决方案。①

一、教育服务公私合作的环境

在人类文明漫长的发展过程中，人类社会的结构经历了一个不断变迁的历程。紧随社会生产力和生产关系的历史转变，人类社会的文明程度不断提升，社会结构也历经以政府为主导的一元治理、"政府—市场"的二元治理和"政府—市场—公民社会"的三元治理模式的演进过程。

---

① 参见周翠萍：《我国政府购买教育服务的政策研究》，华东师范大学教育科学学院博士学位论文，2011年，第20—33页。

（一）以政府为主导的一元治理

政府是伴随着阶级社会的出现而不断发展进化的产物。最初，建立政府的目的就是为了保护人民群众神圣不可侵犯的私有财产，但在前资本主义社会里，政府如同附加在民众身上的一把沉重的枷锁，强力统治和严密控制着其治下的民众。由于前资本主义社会生产力水平较低，其经济形态主要以自给自足的小农经济为主，还没有形成规模的市场机制。国家对社会的管理主要通过科层制方式来进行，民众并没有现代公民所具有的政治权利、经济权利和社会权利，在生命、财产等方面是依附于国家的，公私合作无从谈起。

（二）"政府—市场"的二元治理

近代以来，科学技术的迅猛发展极大地提高了人类社会的生产力水平，逐渐形成了以自由竞争为主要特征的市场机制。人类社会生产力水平的极大提高，经济的快速发展使得大力兴办教育，提高国民的科学文化素质成为国家经济社会快速发展的前提和战略。伴随资本主义的发展，社会治理模式逐渐由以政府为主导的一元治理走向了"政府—市场"的二元治理。

20世纪30年代以前，受古典自由主义意识形态和经济理论的影响，世界各国的社会治理普遍呈现出"强市场—弱政府"的基本特征。人称"现代经济学之父"的亚当·斯密，其代表作《国富论》中所阐述的"市场—政府"关系其实就是这一时期社会治理模式的一种深刻反映。20世纪30年代以后，主要资本主义国家进入了经济大萧条时期，遭遇了严重的经济危机，此时以政府全面干预为主要特征的凯恩斯主义兴起，资本主义社会的治理呈现出"强政府—弱市场"的特征。70年代末，世界范围的经济滞胀现象，又使世界各国政府普遍认识到不仅市场会"失灵"，政府同样会"失灵"。以布坎南为代表的公共选择理论风靡全球，深刻的影响并改变了对于政府的原初认知。人们逐渐意识到，政府和市场都是助推社会发展的互补性工具。政府和市场这两个工具，都有其局限性，因此对市场或政府的选择都不能是一个单纯、绝对的选择，而应是一个程度和互补的问题，是一个如何在政府与市场之间保持相对平衡的问题。如果社会治理方式更多地倾向于市场，那么就会遭遇更多的市场失灵的困境与缺陷；如果社会治理方式更多地倾向于政府，那么就会遭遇更多的"政府失灵"的陷阱与缺点。伴随公民社会的发展，经济全球化的演进，世界各国政府纷纷试图寻求"市场失灵""政府失灵"之后的发展道路。

（三）"政府—市场—公民社会"的三元治理

在政府与市场、"公"与"私"域的二元划分模式中，是否存在一个非"公"亦非"私"的地带呢？源于西方发达国家的市民社会理论为上述问题的解答提供了理论支撑。市民社会理论兴起于 20 世纪 80 年代后期，其主要观点包括市民社会不同于政治社会和经济社会，主要由私人领域（主要是家庭）、志愿结社领域、社会运动以及各种公共交往形式构成的；市民社会是经济社会和政治社会的互动领域，三者共同构成"市民社会—经济—国家"多元社会结构。而研究现代福利国家中政府与非营利组织关系的美国学者莱斯特·萨拉蒙（L. Salamon）则用"非营利部门—营利部门—政府部门"的多元结构来描述西方国家的社会基本结构。[①] 由此可知，社会多元结构理论的"国家—经济—市民社会"或"政府部门—营利部门—非营利部门"的分析框架打破了"政府—市场"的二元结构，在理论上为"政府—市场—公民社会"的三元治理模式的形成和发展奠定了一定的基础。"政府—市场—公民社会"三元治

---

① 参见刘复兴：《教育政策的价值分析》，教育科学出版社 2003 年版，第57 页。

理模式的实践基础来源于公民社会的兴起与强大。伴随现代社会民主化进程的加快，公众争取民主、捍卫自我权利的意识与能力的增强，在社会多元价值观下公众以集合和志愿的方式对多元价值需求和利益的表达与伸张，成为公民社会兴起的直接原因。公民社会的蓬勃发展成为社会治理的"第三支柱"。对社会结构的重新认识和公民社会的蓬勃发展，使"政府—市场—公民社会"的三元社会治理成为可能。

二、教育服务公私合作的主体

政府、市场、公民社会作为教育服务提供中的三种治理工具，每一种治理工具都有其独特的功能与价值。分析与探究政府、市场和社会三者之间各自的优势与限度是形成具有一定结构特征的教育服务公私合作模式，探究政府、市场和公民社会之间将形成怎样的教育治理结构的前提条件。

（一）政府

国家是人类社会发展到一定阶段的产物。而国家的职能则主要通过其组成的政府部门来完成。政府所追求的基本价值标准是公共性和公益性。政府主要的行为逻辑是通过国家公权力制定一系列维护社会秩序、管理经济生活和行使公共权力的法律政策来实现对社会的治理。对于政府来说，利用国家的公权力对社会生活进行调控与管理，政府具有先天的优势。

政府以公共性为自身价值取向和价值诉求，在教育服务提供方面具有得天独厚的优势。政府可调动整个社会资源，发挥规模效应提供私人、社会机构所无法提供的公共教育基础设施等；通过相关政策设计，向社会公众提供保障每一个公民受教育权的基本的、普惠的教育服务。

但政府在教育治理中的局限性在于：受财力、物力、精力所限，政府无法快速、灵活地满足社会公众多样的、个性化的教育需求；在科层体制下政府办事效率较低，教育服务提供的成本意识不强，易产生教育服务提供中的寻租行为等。

（二）市场

市场领域主要由数量众多的企业机构和私人机构所组成。市场所追求的基本价值标准是私益性和利润的最大化。市场的行动逻辑就是衡量每一次市场行为的投入与产出，力争成本最低，收益最高。对于市场来说，为追求利润，在竞争中求得生存与发展，其创新意识、改革意识和发展意识都较强，因此具有较强的灵活性和适应性。

在教育治理中，市场的优势在于通过竞争提高教育服务供给的效率，追求以最小的教育资源投入，得到最大化的教育产品输出；能对各种教育服务的信息、需求变化等作出及时的反映，迅速满足消费者对教育服务的多样化需求；通过教育服务供求关系的变化、市场中生产者的竞争、价格杠杆等，实现师资、资金投入等教育资源的有效配置。但市场的局限性在于：追逐利润的本性使市场无法实现公共产品的有效供给，也就是市场可以向社会公众提供私人教育服务，而无法有效地向公众提供公共教育服务和准公共教育服务；由于教育服务提供的周期性较长，专业性较强，市场机制下的教育服务提供存在着严重的信息不对称现象；纯粹市场机制下的教育服务提供会导致教育的不均衡发展和教育不公平。

（三）公民社会

公民社会领域主要由数量众多的、具有不同的组织使命与组织信念的非政府组织、非营利组织等组成。公民社会所追求的基本价值标准是互益性和公益性。公民社会的行动逻辑是以志愿的方式，以集合的形式参与到公共生活中来，以互助、合作来实现参与者的利益，以志愿、非营利来实现公益的社会价值。

在教育治理中，公民社会的优势在于承担政府无力承担和由于市场不愿、不宜承担的教育服务，进而弥补政府在教育微观管理和激励机制方面的无效率和市场在教育资源公平均衡配置上的无效率。公民社会的非营利性、志愿性、独立性等特征使其既克服了政府官僚主义的效率低下，又克服了市场机制追求利润最大化与教育的特殊性格格不入的缺陷，高效高质地提供教育服务。但公民社会在教育服务提供中的局限性表现在公民社会同样可能出现"志愿失灵"，即缺乏组织发展的内在动力、专业资质不够、组织发展依赖于政府和外界的资金支持而丧失独立性等，从而影响到教育服务提供的质量和效率。

政府、市场、公民社会各自所追求的基本价值标准及其行动逻辑是各不相同的，这些特性决定了三者在教育服务提供中的优势与限度不同。德国学者康保锐（Berthold Kuhn）认为国家、市场、公民社会各自具有不同的优势，在不同的领域也会产生不同的作用，国家在调控方面最具优势，市场在竞争方面最具优势，而公民社会在价值方面最具优势（如表 2-1 所示）。美国学者奥斯本（David Osborne）和盖布勒（Ted Gaebler）认为政府在政策管理、管理实施、保证公平、防止歧视和剥削、保证服务事业的连续性和稳定性、加强社会凝聚力等方面具有优势；市场在执行复杂的任务、模仿其他组织的成功做法、提供需要迅速适应变化的服务事业、向纷繁复杂的各色人群提供服务等方面具有优势；第三部门在产生微利或无利润、需要对他人的同情和承担义务、需要广泛而全面的方法、需要对顾客和委托人有完全的信任、需要志愿人员的劳动、需要亲自动手和对人的关心等方面具有优势。①

表 2-1　调控最优化、竞争最优化和价值最优化的参与者偏好

项目状态	国家	市场	公民社会
调控最优化	高	微弱	中等
竞争最优化	微弱	高	微弱
价值最优化	中等	中等	高

资料来源：［德］康保锐：《市场与国家之间的发展政策：公民社会组织的可能性与界限》，隋学礼译，中国人民大学出版社 2009 年版，第 43 页。

由此可见，政府、市场和公民社会在教育服务公私合作中的治理结构和治理机制各不相同，政府强调科层结构下权力和责任的分配，提供的法律政策及制度成为主要的治理机制，因此在宏观上调控教育事业的发展，向社会公众提供基本的、统一的公共教育服务方面具有优势。市场强调自由竞争与利润的最大化，追求投入与产出之间的帕累托最优，公民社会强调以志愿的、非营利的、独立的方式参与到公共事务中来。因此，市场和公民社会在灵活地、快速地对社会教育需求作出反应，满足社会公众多元化、个性化的教育服务需求方面具有优势。

简言之，在经济全球化、社会信息化、文化多样化的时代背景下，单一的控制式的公共教育服务提供模式早已滞后于经济社会发展的需求，政府、市场与公民社会，无论哪种类型的教育服务提供的治理工具，都无法单独地应对教育发展过程中的挑战与问题。只有将政府、市场、公民社会三种力量在不同的背景下，以恰当的结构加以组合，形成"政府—市场—公民社会"型教育服务提供的合力，才有可能解决在教育治理中存在的日益复杂的教育问题，满足社会公众多元、多样性的教

① 参见［美］戴维·奥斯本，特德·盖布勒：《改革政府：企业家精神如何改革着公共部门》，周敦仁等译，上海译文出版社 2006 年版，第 260—262 页。

育需求。

三、教育服务公私合作的影响因素

不同国家教育服务公私合作模式的特点取决于政府、市场与公民社会三者之间力量、权力、空间的博弈与制衡，不同国家政府、市场与公民社会的发展状态将直接影响到教育服务公私合作的效果。

（一）政府及其管理能力

政府在教育服务公私合作模式的构建过程中，发挥着导向和建构的重任。政府对教育服务公私合作现状的认识与理解、对政府、市场及公民社会三者之间教育职能的界定等将直接影响到公私合作模式如何构建及构建的形态。

政府要承认市场和公民社会在教育服务公私合作中的合法性、合理性和有效性，并通过一定的政策设计使市场和公民社会在教育服务提供中获得合法性和有效性。因此政府对待市场和公民社会的态度、对教育服务公私合作中各要素治理边界的认识，将直接影响到教育服务公私合作模式的形成及形成何种形态的教育服务公私合作模式。

政府管理教育服务公私合作的能力，会对公私合作效果产生重要的影响。从前文论述可知，管理问题已经上升为公私合作的核心问题。因此，政府对教育服务公私合作的管理能力，也就成为教育服务公私合作能否成功，能否有效、高效的关键变量。对教育服务公私合作的管理与一般政府管理之间存在复合性。从理论上讲，对教育服务公私合作的管理是传统政府管理的延伸，对跨边界行为实施管理的母体并不是新生的。如何与原有体制内的管理制度、资源、技术和人才相衔接，形成新的扩展能力，是复合管理的第一步。本书提出二者关系的三个假说。

假说 1：对教育服务公私合作的管理能力与政府一般的管理能力成正向关系。即在给定其他条件的情况下，政府原有的管理能力越好，其取得教育服务公私合作成功的可能性越大。该假说依托的假设，是公共组织内所发生和成长的很多管理能力具有普适性，可能被放大或延伸到更加多样化的管理环境中。

假说 2：对教育服务公私合作的管理能力与政府已有的处理合作关系的管理能力成正向关系。即在给定条件的情况下，政府在处理与外部生产者的关系上已经获得的知识和能力越多，越容易取得教育服务公私合作的成功。该假说承认直接的政府管理与合作状态下的政府管理之间的"范式"差异。这样已有的跨范式的实践有助于实现范式间的对话。

假说 3：对教育服务公私合作的管理能力与政府适应新的任务环境的主动意识成正向关系。即在给定其他条件的情况下，那些有意识地预期和防范合作中的管理问题的政府，更容易取得教育服务公私合作的成功。这个假说解释了这样的现象，即一些政府机构可能缺乏很强的直接服务生产的历史和经验，但是正是其克服这种能力不足的意识和能动性，使它们能够更好地适应教育服务合作提供。这种组织意识的来源可能是多方面，包括有远见的公共教育行政官员、专家意见、来自上级政府的压力，以及在教育政策竞赛机制里面的资源不足和竞争等。

（二）市场及其成熟程度

教育市场也是形成教育服务公私合作模式的重要博弈力量。澳大利亚学者西蒙·马金森（Simon Marginson）强调在教育市场中要有一定数量和质量的生产者。[①] 对教育市场中教育服务生产者的数量要求是因为只有在教育市场中存在众多的教育服务的生产者才可能真正形成公平的

---

① 参见［澳］西蒙·马金森：《教育市场论》，金楠等译，浙江大学出版社2008年版，第22页。

竞争关系。而这些生产者具有适应市场生产、消费和交换的态度和行为则是教育市场生产的主体条件。除此之外，教育市场还需形成公平、有序的市场竞争环境，建立较完善的政策法律，使市场中教育服务的生产与交换成为可能。

当教育市场较成熟时，市场领域中的主体力量可在教育服务合作提供的博弈中主动寻求定位，积极争取和获得教育服务提供中的合法、合理地位。私立教育机构可以投资者、经营者的身份走入教育服务提供领域，满足政府所无力或无暇提供的某些特殊的、个性化的差异教育服务。在教育服务提供的实践探索中逐渐清晰自我在教育服务公私合作中的地位。但市场中营利性教育机构提供教育服务需要政府相关政策与法律的培育与规约。教育服务公私合作能否取得成功，能否有效和高效，一定程度上受到教育市场的成熟程度的影响。一个成熟的完备的教育市场具备以下四个特征。首先是教育市场主体具有自主性，即市场主体根据交换者自己的意志自由流动，自主支配自己；对交换客体的支配具有自主权。[①] 其次是切合的教育服务价格参数体系。再次是存在良序运行的教育市场的竞争机制。最后是存在完善、流畅的教育市场的信息传递机制。

（三）公民社会及其发育程度

能否破除政府失灵、市场失灵的困局，弥补政府在教育微观管理和激励机制方面的无效率以及市场在教育资源配置中的无效率，在教育服务领域中的政府与市场之间形成第三方强大的供给力量，取决于公民社会的发展与壮大，取决于公民社会的发育程度。

公民社会的发育程度尤其是教育社会组织发育的程度，会对教育服

---

① 参见张建城：《市场论》，红旗出版社 2002 年版，第 104—105 页。

务合作效果产生重要影响。"政府—市场—公民社会"型的教育服务公私合作模式，需要公民社会领域的强大，能与政府、市场领域形成相对的鼎足之势。公民社会领域中强大的社会组织会成为一个国家主要的经济发展力量之一。在教育领域内公民社会强大的一个显著特征就是教育社会组织的发展与壮大。教育社会组织的财务和管理是独立自主的，它能否构成与政府、市场之间的三足鼎立之势，直接关系到教育服务公私合作的成效。教育社会组织的发展壮大既体现在教育社会组织在教育市场中的数量和规模方面，也表现为在教育市场中承担教育服务供给的专业资质与能力方面。

各国政府在支持社会组织方面是存在很大差异的。但从各国的经验来看，教育社会组织的发展和壮大离不开政府相关政策的扶持与培养。政府如何看待教育社会组织在教育治理中的地位和作用，如何以政策法规的形式将教育社会组织的定位确定下来，是教育社会组织发展壮大的保障条件之一。

四、教育服务公私合作的边界

教育服务公私合作的边界就是教育服务公私合作的范围，即哪些教育服务政府可通过公私合作的方式向公众提供，哪些类型的教育服务不能以公私合作的方式向公众提供。对教育服务公私合作范围的清晰界定，将为教育服务合作提供的实施提供理论上的指导与参照。

教育服务公私合作的边界是在动态的教育服务合作提供实践中逐渐形成的。一个国家的社会经济发展水平、政治传统、文化习俗等各种因素都可能对教育服务的公私合作方式构成影响。但具体说来，对教育服务公共性的考量，是影响教育服务公私合作边界的价值层面的因素，效率则是影响教育服务公私合作边界的操作层面的因素。而政府核心教育职能由政府亲自生产并提供，这是教育服务公私合作的"禁区"。

（一）教育服务公共性的考量

从本书教育服务公私合作的定义可见，教育服务公私合作的前提条件是政府对此类型的教育服务负有最终责任，此类型的教育服务是政府应承担的公共职能之一。因此，对教育服务公共性的考量，成为界定教育服务公私合作边界的一个要素。公共性是政府得以产生、存在和运行的内在依据和合法性来源。[①] 在公共性的本质属性之下，政府产生、存在的目的是向社会公众提供公共产品，实现社会的公共利益和公共目标。因此，政府是否有责任向社会公众提供教育服务，取决于此类教育服务是否是公共产品，具体而言，是否是公共教育服务或准公共教育服务。对于满足社会公众基本教育需求的公共教育服务，因其公共性程度高，由政府承担并付费；对于一些具有个性化的、多元化的私人教育服务，因其公共性程度较低，本着"用者付费"的原则，由家庭和个人在公民社会、市场领域自主付费购买。对于介于公共教育服务和私人教育服务之间的准公共教育服务，政府与家庭、个人之间本着"成本分担"的原则，进行成本的合理分担，实现对教育服务的供给。

（二）生产者的效率比较：谁提供更有效

从教育服务公私合作的行动逻辑而言，政府首先需确定某类型的教育服务是不是政府在现阶段所需承担的公共职责之一。确定了政府提供的公共教育服务的类型之后，考虑的第二个问题就是，政府以何种方式向社会提供教育服务更有效率。对教育服务的生产者而言，同样存在教育服务生产的效率问题。长期以来，国家包办了教育资源的投入、产

---

① 参见林希斌：《"公共性"视角下政府行政人员的角色定位》，《常熟理工学院学报》2005 年第 5 期。

出，掩盖了教育服务产品生产的效率问题。政府提供公共教育服务由于
长期缺乏竞争，垄断经营，使政府缺乏提高教育服务供给质量的内在动
力。再加之，公共选择理论认为，政府官员同样会追求个人利益最大
化。在个人利益的驱使下，在政府直接提供公共教育服务的过程中，可
能会出现"寻租"和腐败行为，而降低公共教育服务提供的质量和效
益。在服务型政府建设背景下，政府应该重新反思在提供公共教育服务
中的资源配置和生产安排的合理性。若教育市场中存在能够替代政府更
好地、更有效地提供教育服务的教育市场组织和社会组织，政府应该将
其"管不好"而教育市场组织和教育中介组织可管好的教育职能剥离给
教育市场组织和教育中介组织，将其提供低效或无效的教育服务交由具
有一定专业资质的教育市场组织和教育中介组织来提供。

（三）政府教育职能的核心和非核心之别

政府教育职能可分为核心教育职能和非核心教育职能。核心教育职
能是政府作为现代国家管理社会的主要机构所具有的一些维护其管理合
法性和权威性的职能，这些职能是不可让渡的。如果将这些职能让渡于
公民社会和市场领域的话，政府将失去管理社会的合法性和有效性的前
提性权力和能力。而非核心教育职能是除了核心教育职能之外的那些职
能。这些教育职能在教育市场成熟的条件下，可交由公民社会、市场领
域来共同承担。对于教育领域来说，政府的核心教育职能包括教育政策
制定、教育规划、教育资源配置、教育财政投入、教育质量监控、教育
事业协调与保障等。这些核心教育职能确保政府在让渡那些非核心教育
职能之后，仍然可以承担起强有力的监管者的角色，通过教育政策制
定、教育规划、教育资源配置、教育财政收入、教育质量监控、教育事
业协调与保障等职能的实现，使政府在公民社会、市场领域承担教育职
能出现问题时，能有力、有效地"力挽于狂澜之中"，驾驭教育事业发

展的正确方向。

分析了影响教育服务公私合作边界的各个因素之后，可大致为教育服务公私合作划定一个边界：政府应该承担起向广大人民群众提供纯公共教育服务或准公共教育服务的基本职责，而将私人教育服务交由公民社会、市场领域来承担，政府承担提供制度供给的监管责任。对于公共教育服务和准公共教育服务而言，政府有两种提供方式：直接生产并提供和间接生产并提供。政府直接生产教育服务的范围：一是满足社会公众基本教育权的基本的、普惠的、公平的教育服务；二是市场不愿提供或不宜提供的教育服务和政府可发挥规模效应的教育服务，比如，教育基础设施建设等；三是核心教育职能不可让渡的教育服务，比如，制定教育政策、教育规划、教育质量监控等。政府间接生产教育服务，即教育服务公私合作的范围：其一是政府提供效率不高的教育服务；其二是受财力、物力、精力等所限，政府无力解决或顾及的教育服务，比如，提供某些针对特殊群体的教育服务。

第二节　教育服务公私合作中地方政府管理的理论基础

教育服务公私合作研究有多个理论注入，但缺乏统一的理论框架，以整合在不同程度和方面相互冲突的理论。虽然存在大量的关于公共服务提供理论、政府治理理论、公私合作理论，但是在研究教育服务公私合作方面的理论建树却不多。本书尝试对这些涉及教育服务公私合作的相关理论进行了分类和整合。

表 2-2　教育服务公私合作中地方政府管理的相关理论

理性选择导向的理论	公共选择理论
	委托代理理论
	交易成本理论
	管理主义
环境导向的理论	社会学新制度主义
	资源依赖理论

一、理性选择导向的理论

现代经济理论和管理理论奠基于经济理性的假设，即个体甚至组织的能力是有限的或不完全的。这些理论同时假设了一个比较效率的框架，即外部环境偏爱在功能上具有优势的竞争者，效率将决定组织生产方式的具体选择。

（一）公共选择理论

公共选择理论提出了公私合作的一般依据。在某种程度上，公共选择理论本身就是一个公私合作的宣言，它要求政府尽量将服务生产过程甚至服务需求的确定交由市场完成。公共选择理论认为在一个民主体制下，受到选民和支出联盟的压力，政客会倾向于过度支出，官僚会倾向于过度生产，政府组织存在不断膨胀的动力。在原有的公共财政收入支出体制下，决策者是缺乏底线的预算最大化者。而公共机构的垄断性生产会导致浪费和无效率。引入竞争，可以约束不良倾向。因此，公共选择理论要求政府尽量将服务生产过程甚至服务需求的确定交由市场去完成。公私合作行为在公共选择理论下一般是外部决策行为。

（二）委托代理理论

委托代理理论集中考虑如何通过设计激励机制和控制机制，用以规避和防范合作中可能出现的代理人的冒险行为。在委托代理过程中，任何一方的投机行为都可能会造成严重的效率损失。委托人不得不在信息系统和激励系统上投入资源，而这些控制系统的成功与否，或者其经济性的程度，取决于三方面的因素：委托代理项目的可测量程度、双方的目标一致性程度以及承担风险的相对倾向。公共教育服务的公私合作是一种委托代理行为，当所涉及教育服务的质和量易于测量、合作者之间的利益冲突不大且存在良好设计的风险分担机制时，教育服务的公私合作具有较大的可能性。除了服务与合作者的特征外，来自竞争市场的外部监督也是一个重要变量。通过竞争性的市场施加的市场纪律，有助于揭示合同商的信息并且置换低效率的合同商，从而鼓励对外采购。

（三）交易成本理论

该理论假设人类及其组织在认知上是有限理性的，同时是自利的和具有投机倾向的，为了追求自我利益甚至会诉诸欺骗。交易成本理论还假设组织的环境是工具性的，即环境是效率驱动的，经济交易的治理结构在市场竞争中的成败取决于治理结构的比较效率。交易成本理论的推理逻辑是简练的。个人和组织在认知能力上的有限性和客观环境的不确定性导致交易双方签订不完全的合同，个人或组织可能会借此机会损害对方利益，进而为自己牟利。在市场内可选择的交易对象的数量较少，或者在买卖双方之间由于已经有交易而存在双向垄断关系时，对这种投机行为将难以实施有效遏制。虽然相互的知识和信息有助于抑制投机行为，但是交易方的相互独立状态会造成信息梗阻，使得相互知识并不充分。当经济交易具有高资产专用性、高不确定性和高发生频率时，投机行为容易成功，会迫使企业作出大量的防范性投资，以防范潜在的风险，这会造成市场价格机制的效率降低。在这种情况下，将交易转化为组织内部行为，加强信息揭示和减少争议解决成本，以降低或消除在市场条件下组织承担的交易成本，形成相对于市场具有比较优势的生产协调机制。

交易成本理论在公共部门的运用，更多地被用来探讨如何约束公共组织的边界和增进市场化，首要考虑的是市场和政府的比较效率，最终确定服务生产方式。通常认为市场化带来了生产成本的降低，但是也带来了政府与合作者的交易成本，对这两类因素的权衡会影响公共部门的市场化决策。首先是与交易成本相关的因素，包括市场化涉及资产的专用性水平、交易的不确定性、交易频率、面临投机行为时的补救程度、竞争性市场的存在和政府管理合同的能力等。当然，这些因素有利于降低合同不完全性，从而降低外部采购的交易成本时，政府会倾向于市场化，通过合作来提供公共服务。另外是与生产成本有关的因素。当市场提供规模经济、专业化的信息、知识、技巧和经验以及更好的管理时，政府为市场的较低成本所吸引而倾向于市场提供。

（四）管理主义

管理主义认为影响企业运营绩效的因素中，除了资源配置的效率以外，管理也很重要。20世纪80年代兴起的新公共管理运行就具有浓厚的管理主义氛围。对于公共部门改革，管理主义一方面要求通过内部改革来塑造真正的公共管理，另一方面通过市场化来利用非政府部门的管理才能。这两方面是相得益彰的，公共部门管理才能的有效转变和提高，可以大大减少市场化过程中由于市场的不完善和服务的复杂性可能导致的危害。在管理主义的视角下，公共服务市场化改革的决策中一个重要变量是政府有无对合同进行管理的能力。显然，传统的官僚制服务提供模式下的政府是缺乏相应的管理能力的。政府必须在结构上重组，在知识上更新，在能力上提升。

二、环境导向的理论

环境导向的理论认为组织面临的压力源于正式与非正式的关系、制度、权力等因素。在这些理论视角下，权力和控制而非效率是取得生存的关键资源，方法主要是通过对制度的顺应从而获得环境适宜性。

（一）社会学新制度主义

社会学新制度主义者的理论共性是强调制度、权力、文化的重要性、强调多元融合。社会学新制度主义认为组织为了提升生存空间的可能性，会模仿取得了合法性的组织，显示出趋同现象。环境压力可能促使组织参照和顺从主流实践，以至于可能出现忽视自身内在需要的现象。在新制度主义下，教育服务公私合作的思想和实践被制度化的程度、组织的合法性需要、组织所处的文化环境等都会影响教育服务公私合作的效果。

（二）资源依赖理论

资源依赖理论认为组织是一个理性行动者，组织的主要任务是处理与环境中利益相关者的相互依赖，以在资源的竞争中取得有利地位。这一理论既可用以解释组织与环境之间的互动关系，也可用以解释组织间的相互依赖情形。教育服务公私合作使得政府机构将教育服务生产方式多元化、可以动员潜在可用的教育资源，同时减少对官僚行政系统和复杂的政府过程的依赖。但是教育服务公私合作同时也创造了新的对外依赖和承诺，因此可能反过来挫败了政府组织原初的对公共教育权力、教育自主提供和教育资源的追求。

三、一个理论整合的视角：制度与效率的相互依存性

为了更好地解释当代中国教育服务公私合作中的地方政府管理，本节试图对有关的基本理论进行整合。以上论述显示了可整合的候选理论。作为研究，整合的基础是具有代表性的和能够提供变量的理论。本书将交易成本理论和社会学新制度主义理论选为整合的对象。这种选择不是随机的，而是基于以下原因：首先，两个理论的分析层次都主要处在组织和组织间的水平，都是针对组织行为的；其次，两个理论都可以直接应用在公私合作中，交易成本理论的产生就是为了解释经济组织的边界行为，而社会学新制度主义对于组织结构的解释，在公私合作中的应用也是非常直接的；再次，这两个理论都有充分发展的概念、术语、范畴和假说体系，这有助于进一步的发展和延伸；最后，也是最重要的一点，两个理论是理性选择导向的理论和环境导向理论的代表，这种对于不同研究角度的代表性带来了巨大的互补性。

理论整合有两种基本方式。学者常常使用的一种方式是建立一个权变框架，将待解释的情况与主要的理论观点进行分类和对应。当这种分类合理且逻辑完整，新的解释体系也就获得了完整性。本书要使用的是另一种方式，即通过发掘在不同理论的关键概念和逻辑之间的内在联系，实现理论的和解与整合。通过前文对交易成本理论和社会学新制度主义的基本理论框架的概述，我们发现，二者在理论观点上虽然有一些冲突，但实际上，二者在相当大的程度上认可和运用了对方的逻辑，并且都没有封闭相互贯通的孔道。这些都构成了整合的基础。

（一）交易成本理论和社会学新制度主义理论的兼容性

交易成本理论与制度联系紧密。交易成本理论的整个框架从对交易的分析中推导出来；相应地，它对制度的考量主要存在于微观的层面。

总的来看，尽管宏观制度环境在根本上决定了资源配置和系统效率，组织仍然在较低层次上具有制度选择的能力和需要。对于组织治理结构的选择并不仅仅是制度环境的因变量。交易成本理论将个体不能控制的制度环境视为宏观外部变量，而将成本节约的考虑作为组织决策的直接约束。

社会学新制度主义理论与效率的联系也比较紧密。这里的关键问题在于，在多大程度上对于制度的适应能够替代功能上的绩效和维护组织的运转。社会学新制度主义颠倒了交易成本理论的逻辑，把效率放在边缘位置上，认为对效率的过分重视会在一个制度化的环境内带来负面结果，而符合制度理性的行为和结构能够有效地预防环境中的不确定性的挑战。社会学新制度主义与效率的关系比较特别。第一，它在理论逻辑上指出了制度要求和功能有效性的一般性冲突，但是效率恰恰同时又是制度的基础。社会学新制度主义对于效率的最直接的开放性思考体现在它对制度起源的研究上。新的理性化组织结构的出现通常首先是为了在功能上诱导更好的绩效，这种考量在制度化的第一个阶段即习惯化阶段尤为显著。但是其后，在制度发展的客观化和沉淀阶段，功能上的益处会不同程度地被因其而建立的合法性所代替。原因很简单，最初的结构要素会随制度所应用的时空范围的不断扩展而带来效率潜力的不断丢失。正式程序和结构的原初目的的边缘化反映了制度的实质，即制度的社会合法性。第二，社会学新制度主义并没有完全否定效率的基本重要性，相反，为了获得效率，组织必须诉诸非正式的结构和管理，因此必须承受在结构上的不连贯性和散乱性。

（二）制度和效率的相互依存性：更开阔的视角

以上分析了两种理论观点的整合基础。在一个更一般和更基础的层次上，需要回答的问题是制度与效率的关系。制度与效率之间的内生性是非常复杂的，这种辩证关系具有丰富的内涵，相关理论探索可谓汗牛充栋。

以诺贝尔经济学奖获得者道格拉斯·诺思的制度变迁理论为例。诺思在其《制度、制度变迁和经济绩效》一书中的分析得出结论：效率或者交易成本的节约程度从根本上取决于制度环境。组织行为受制于许多外部因素，相对价格的变化和人们对此变化的感知以及偏好的变化，会带来制度的变化，但效率并非唯一必要的或者充分的诱导制度变化的源泉。[①]

总之，效率与制度的辩证关系，还需要我们在具体的组织研究中去探索。但是，从效率和制度的视角整合多种理论，让他们充分发挥自身比较优势，是我们尝试理论整合的主要原因。

根据上述理论整合的基本立场，本书将公共教育服务合作视为这样一个活动，即在特定的环境中，围绕着政府提供公共教育服务职能的实现而进行的一种理性选择行为。

公共教育服务公私合作模式隐含着一种理性行为。公共教育服务的公私合作范式不是自然形成的，也不是随机变化的，而是包括政府在内的公共教育治理主体的有目的、有计划的行为结果。

公共教育服务公私合作模式要受到环境的制约。本书中的环境是指直接影响教育服务公私合作形成的因素。根据公共教育演进逻辑中的国家逻辑、市场逻辑和社会逻辑之间的互动，笔者把影响教育服务公私合作因素概括为三个方面。

一是公共教育服务中的政府职能定位问题。政府职能定位问题是教育服务合作必须关注的一个问题。在新制度主义者眼中，有限的教育资源的有效配置是基本标准，而政府定位问题的性质对政府的决定是否要

---

① 参见［美］道格拉斯·C.诺思：《制度、制度变迁和经济绩效》，杭行译，格致出版社、上海三联书店、上海人民出版社 2008 年版，第 195 页。

采取行动与采取哪些行动时起着关键性的作用。譬如说，公共教育，是一种准公共产品，其提供与生产问题，不能完全由政府一手包办，而是需要一定的内部市场与外部市场进行竞争，才能在保证教育服务公平性的同时提高教育服务效率。

二是参与主体。参与主体指的是那些参与教育服务公私合作的所有机构和人群，政府当然是其中之一。但是，按照新制度主义从经济学那里继承下来的个人主义传统，政府也不是铁板一块。所谓政府的行为，无非是政府内部的行政人员和政府部门之间进行的互动。

参与主体的第二大类型是政府管理行为所针对的学校。学校在新的教育政策研究中，从过去的政府外在变量，逐渐成为积极参与政府管理行为（尤其是教育政策制定和政策执行）之中。

伴随着政治、社会的民主化程度日益提高，教育服务公私合作还涉及公共教育领域中的利益相关者，包括个人、利益集团、非营利组织或企业等。公共教育管理已不再是政府单方面的行动，而是政府与学校以及众多的利益相关者进行博弈和妥协的一种行动。因此，其结果并非是政府一个行动者按照教育公益最大化的标准对管理进行的理性评估，相反，政府的最终选择恰恰就是对固有的公共教育管理进行的边际调整。

三是制度。制度是重要的，也是可以安排的。对于决定个人和组织在社会中的地位，制度提供了决定性的桥梁。尽管经济学与社会学分别强调制度的功能与选择，但在教育服务合作中，制度无疑发挥了更为重要的作用，即必须同时关注制度的功能与选择，两者缺一不可。因为教育服务合作的选择，本质上就是对教育服务的提供与生产的那些制度的选择。教育国家化或市场化或社会化都是一种制度，这些不同制度选择是包括政府在内的利益相关者所形成的一种互动的结果。

教育服务公私合作的选择，不仅仅是这些制度安排的选择，也包括对制度本身的选择。对这些制度本身进行选择，就成了教育服务公私合作选择的一部分。按照这种思想，我们可以将教育服务公私合作的选择分为三个层次：战略层次、战术层次、操作层次。战略层次主要是解决政府、市场与公民社会在公共教育服务领域的边界问题，形成一种"制度约束"，为公共教育管理工具的运用创造新的条件，其具体的工具包括改革政府机构与调整行政人员、提升政府之外的主体进入公共教育领域的限制、为公共教育领域中的不同利益相关者提供合作的诱因、增加公共教育生产者、制止某些合作等。战术层次将问题的核心放在了教育服务公私合作的应用方式上，即教育服务公私合作的运用，直接影响参与教育教育服务合作的机会，从而使人们对教育服务公私合作的认识得以深化。操作层次涉及的是解决公共教育服务合作过程中的管理问题，它所要考虑的主要问题是管理方式的特征、管理方式的选择和使用、预期的效果、执行中需要克服的问题等。

第三节　教育服务公私合作中地方政府 管理的分析框架

教育服务的公私合作本质上是政府组织的一种边界扩展行为。通过缔结市场合同或其他市场手段，政府与以前仅仅存在垂直关系的一般社会管理关系的非政府主体间建构了平行的合作关系，借此将活动领域拓展到了政府组织原来的边界之外。教育服务的公私合作创造了新的任务环境，需要政府去掌握和控制教育服务合作提供的过程，以对公共教育服务公私合作过程实施有效的管理。从这个意义上讲，政府对教育服务合作提供的潜在问题的认识以及处理这些问题的战略，将决定它是否能够成功地实施公共教育服务的合作提供。

教育服务的公私合作是一行新兴的教育公共治理模式，其价值前提是多样的、不确定的甚至是内部矛盾的。在一般性的层面上，本书在借鉴国内学者敬乂嘉先生的服务合作提供下政府能力建设的分析框架的基础上，发展了一个教育服务公私合作中政府管理的分析框架，政府管理的领域由两个基本分析维度而划分为四个方面。如表2-3所示：

表2-3 教育服务公私合作中政府管理的分析框架

政府管理面临风险	政府管理行为目的	
	教育目标获取	教育环境控制
非结构性风险	合同管理	社会平衡
结构性风险	关系管理	合法化

一、政府管理行为目的

成功的教育服务公私合作意味着实现以结果为导向的教育目标获取和以过程为导向的教育环境控制。教育目标获取要通过利用非政府部门的组织来寻求良好的教育经济和教育管理绩效，实现有效、高效、节约的公共教育服务提供。教育环境控制旨在规避教育服务公私合作中的风险，化解政治、制度的不确定性，尽量减少负面的政治或社会后果，建立新的合法性符号和社会共识，为教育服务公私合作创造一个安全和有利的环境。

二、政府管理面临风险

从相对意义上讲，教育服务公私合作中地方政府管理面临的风险按照属性可以划分为结构性风险和非结构性风险。政府机构由于在教育方面的资源、经验和目标的不同，其风险暴露的情况存在差异，例如选择不称职的教育服务承包商或引起社会摩擦的风险。这构成非结构性的由单个组织的特别禀赋和环境决定的风险。与此同时，政府机构面临相对稳定的社会、经济、法律和政治的环境，后者给教育服务公私合作带来的风险是结构性的，例如，教育市场和教育社会组织的不完善、不成熟或对于公共教育权力分享的法律约束。

表2-3提出了地方政府管理教育服务公私合作领域的两个维度，包括政府管理行为目的、政府管理面临风险。这些维度是二分的、非连贯和需要整合的。整合的目的在于获得正向的互动效应。在此基础上可以确定地方政府对教育服务公私合作过程的管理所必须切入的各个管理领域。

首先，教育服务公私合作中的合同管理。合同管理要求建立一个适当的合同并实现所设定的目标。教育管理者应该有能力去界定服务的各项标准，发展教育服务合同要约、设计选择教育服务承包商的竞争过程、进行合同谈判、监督执行情况、评估合作者绩效，并奖励或惩罚承包商，以实现直接政策意图，提高政府公共教育服务提供的能力和效果。

其次，教育服务公私合作中的关系管理。除了教育服务合同中设定的目标外，公共教育服务合作提供的长期目标是通过关系管理，赋权给市场和社会，激发市场和社会的活力，进而发展成熟的教育市场和培育优质的教育社会组织，实现教育服务领域公私制度的接轨，建构起教育服务提供的合作秩序和合作格局。教育服务公私合作的一个基本原则是利用政府、市场和社会各自的比较优势，但其前提条件是这三方主体具有一定的相对独立性。

再次，教育服务公私合作中的社会平衡。社会平衡要求疏导和缓解教育服务领域中的社会矛盾，避免引发政治不稳定性。教育服务合作提供的分配和再分配效应创造了赢家和输家，因此可能被认为是不公正不合理的。教育腐败、教育服务恶化等会带来公众的抵制。虽然一些教育服务合作提供项目带来的再分配后果是项目本身所期望的，但如果不良的再分配后果缺乏事先预知和预防，可能导致抵制性的集体行动，带来新的社会和政治问题。

最后，教育服务公私合作的合法化。合法性的管理出发点是基于现代公共教育权力产生和运用的特殊性。合法化要求改革原有的公共教育权力秩序，不断完善公共教育服务公私合作的合法性基础。教育服务公私合作必然会带来公共教育权力、责任和问责性的共享和分担。这对国家垄断教育职能的传统观点形成了挑战，可能出现不当教育权力授予、教育服务公共性价值的损害、政府空心化和高度外部依赖、公共责任的模糊与丢失等情况，从而引起对教育服务公私合作的合法性的质疑，因此，需要政府在教育服务公私合作中实施合法化的管理努力。

本书将按照这个分析框架，在接下来的第三章、第四章、第五章和第六章分别探讨教育服务公私合作中的合同管理、关系管理、社会平衡和合法化四个方面，并在第七章将这四章的理论探讨具体化，用以进一步考察和分析当代中国教育服务公私合作的典型案例。

第三章 教育服务公私合作中的合同管理

  本章集中讨论政府对教育服务合同的管理。通常教育服务的公私合作是通过签订采购合同实现政府与非政府参与者的合作。合同管理既是对教育服务公私合作中的合同文本的管理，也是对教育服务公私合作中的合同关系的管理，属于目标管理的一部分，目的是实现政府与非政府部门合作的直接意图，包括降低教育服务成本、提高和改善教育服务质量、增加教育管理灵活性等。教育服务公私合作中缔结的采购合同具有特殊的法律属性，既有行政合同的特性，又有民事合同的属性；在合同管理中，政府并非作为行政主体，而是以市场交易者的身份出现的，必须在市场的法律和制度框架内找到问题的解决方案。政府这种角色的转变虽然为实现公共教育目的带来更多的备选工具、资源和便利，但同时也带来了管理上的新问题。政府可能是缺乏合同管理能力的。这一方面是因为在传统的行政管理体制下，政府的生产和服务过程往往是指令性的，实行垂直的等级领导，即使签订合同也主要是行政合同，受公法的调整和约束，政府缺乏管理民事合同的才能和经验。另一方面，在对民事合同的管理过程中，政府并不可能完全采纳市场单位的管理思维和方式，在管理目标、手段、外部约束上都可能缺乏必要的灵活性。当然，在教育服务公私合作中，政府的这种管理能力不足也是客观存在的。以上这些原因带来了教育服务合同管理的困难。由于教育服务合同管理涉及教育服务公私合作的全过程，任何一个管理环节的失误，都可能妨碍政府最终意图的实现。

本章对教育服务合同管理的分析分为四个部分：教育服务合同管理的理论逻辑；教育服务合同管理的战略；教育服务合同管理的过程；政府合同管理能力的建设。

第一节　教育服务合同管理的理论逻辑

一、教育服务合同的兴起

（一）教育服务合同兴起的背景

从权力走向合同的运动，以及合同国家的兴起，在西方国家有着悠久的历史。早期大量的公共物品和服务都是政府通过合同形式，依靠私人部门来提供的。正如霍奇所言：圣经中的征税者马修、英格兰 18 世纪的路灯保洁、19 世纪的铁路等，都是这方面的例证。[①] 福利国家兴起后，私人部门提供公共物品和服务在一定程度上受到了压制。因此，政府与私人部门之间的合同签订呈现出非连贯性和模糊性。直到新公共管理运动的浪潮来袭、公私合作日益成为改革主流方向之一和重塑政府的合同签订，西方国家开始从所谓的"行政国家"转向"合同国家"的建构。

政府合同的演进历程与新公共管理运动的发展过程有着深厚的渊

---

① 参见菲利普·库珀：《合同制治理——公共管理者面临的挑战与机遇》，竺乾威等译，复旦大学出版社 2007 年版，第 50—51 页。

源。20 世纪 80 年代以来，新公共管理运动的浪潮席卷全球，给所有国家的公共服务供给体制的革新注入了竞争的活力。在新公共管理运动的持续演进中，其倡导的合同型政府也开始出现。原来由政府垄断提供的传统公共服务逐渐开始通过合同外包的方式推向市场和社会，利用市场和社会的力量参与公共服务的提供，以发挥市场机制和社会机制的优势。近年来，我国教育、医疗、就业和城市管理等领域的公共服务外包项目越来越多。中央和地方层面的规范政府购买服务的政策和项目也与日俱增。据不完全统计，在 2001—2004 年我国公共服务的生产和递送中，有 20%—30% 是由间接受政府雇用的人员完成的，平均约有 1/4 的财政报酬支出是支付给政府系统外的人员。[①] 从数据上看，我国的公共服务外包已达到较高水平。近两年，尽管一些地方出现了一些"逆市场化"现象，但仍无法阻挡我国公共服务领域市场化的改革大趋势。

（二）教育服务合同的兴起历程

教育服务合同的兴起与发展，改变和重塑了政府的行动逻辑，深刻影响着教育服务领域中政府与市场和社会关系的变迁进程。教育服务合同是在教育服务领域的公私合作尤其是教育服务合同承包日益盛行的背景下出现的一种合同现象。教育服务的公私合作是指政府部门和非政府部门为了实现公共教育利益的需要，在双方共同参与公共教育产品及服务的生产和提供过程中所建立的以合作为目的的管理框架。教育服务的公私合作通常是通过合同承包、凭单和补助等形式来实现的。合同承包，包括内部承包和外部承包（以下简称"外包"）是教育服务公私合作中最基本、最常见的一种制度安排，常和凭单制和补助结合形成混合式的制度安排。例如地方政府和两个或更多的学前教育机构签订承包

---

① 参见敬乂嘉：《中国公共服务外部购买的实证分析——一个治理转型的角度》,《管理世界》2007 年第 2 期。

合同，然后让有需求的自由选择，这就是合同承包和凭单制的混合形式。当下，西方发达国家的公共教育管理领域也普遍使用了一种融入更多市场和志愿精神的管理工具——合同制。可以说，教育服务的合同承包，已渗透到许多国家的政府公共教育服务供给的各个领域，并且已经成为许多发达国家的长期教育政策。这就意味着，在很大程度上，合同承包将取代传统的公共行政，在公共教育部门中发挥协调机制的作用。教育服务的合同承包，其核心是让政府从公共教育服务提供过程中解脱出来，以节省时间和精力来制定宏观的公共教育政策。教育服务合同承包的目的在于克服官僚制弊端，通过教育服务合同方法来明晰政府、市场、社会与公共教育的关系，引入市场机制和志愿机制，提高教育服务的质量与效率。教育服务合同外包模式对推进我国教育领域的综合改革、教育治理体系及治理能力的现代化具有一定的借鉴意义。科学认识公共教育服务公私合作中的合同承包制度，通过体制、机制和方法创新，最大限度发挥教育服务合同的正面积极优势、规避其负面影响，让政府成为"精明的买主"，是公共教育管理领域中兼具理论与实践意义的重要课题。

二、教育服务合同的内涵及外延

到目前为止，理论界和实务界并未对教育服务合同做过明确界定。但从教育服务合同的兴起来看，其与政府（采购）合同有着深厚的渊源。

（一）政府（采购）合同的内涵、性质与特点

现代意义的政府采购，是国家机关和事业性公共机构为实现行政职能或为公众提供服务，以协议方式使用公共资金采购货物、服务、工程

建设等项目的活动，并以使用市场公开竞争方法为特点。① 从政府采购过程看，它是采购合同的订立和履行过程，合同管理问题是政府采购的核心问题。美国、英国的法学著作通常将政府采购制度直接称为"政府合同"。

关于政府（采购）合同性质，学界争论激烈。行政法学者认为，政府采购合同的行政性显而易见，应归属行政合同；② 民法学者则认为，凡合同即为民事合同，政府采购合同也不例外；③ 笔者认为，对政府（采购）合同的性质不应简单、轻易下结论。但学术研究应禀明其坚定立场，所以本书将按我国《政府采购法》第四十三条的规定即"政府采购合同适用合同法"，进一步明确自己对这一问题的观点与主张。④

政府（采购）合同与市场合同相比，有其自身的独特性。其一，政府采购资金来源于政府财政拨款，具有公共性。其二，政府采购的目的不是为了营利，而是为了实现政府职能和公共利益，具有非营利性。其三，政府采购活动几乎毫无例外地在严格的法律和管理限制下进行，具有管理属性。其四，政府（采购）合同订立必须公开。"政府采购应当遵循公开透明原则、公平竞争原则、公正原则和诚实信用原则"。⑤

---

① 参见王文英：《试论政府采购合同的性质》，《行政法学研究》2003年第3期。

② 参见湛中乐、杨君佐：《政府采购基本法律问题研究（上）》，《法制与社会发展》2001年第3期；湛中乐、杨君佐：《政府采购基本法律问题研究（下）》，《法制与社会发展》2001年第4期。

③ 参见本文课题组：《我国政府采购制度研究》，《财政研究》1999年第2期；参见王家林：《立法要考虑国情》，《中国财经报》2001年2月6日。

④ 参见《中华人民共和国政府采购法》，中国法制出版社2014年版，第20页。

⑤ 《中华人民共和国政府采购法》，中国法制出版社2014年版，第8页。

（二）教育服务合同的内涵及外延

1.教育服务合同的内涵和性质

政府服务（采购）合同按服务内容划分，可细分为基本公共服务、社会管理性服务、行业管理与协调性服务、技术性服务、政府履职所需辅助性事项、其他适宜由社会力量承担的服务事项等类型的服务（采购）合同。就基本公共服务（采购）合同而言，也可以细分为：公共教育服务（采购）合同、医疗卫生服务（采购）合同、环境服务（采购）合同等。

从以上阐述可知，教育服务（采购）合同源于政府（采购）合同，由此可知，政府（采购）合同的内涵和属性决定了教育服务（采购）合同的性质。政府教育服务采购就是各级国家机关及其所属机构为了实现为公众提供公共教育服务的需要，在财政的监督下，使用财政预算内资金和预算外资金等财政性资金，以购买、租赁、委托或雇佣等形式获取公共教育服务的行为。在政府教育服务采购过程中签订和履行的合同，我们称之为政府教育服务（采购）合同，简称为教育服务合同①。教育服务合同中涉及资金主要源于公共财政，教育服务合同的订立是基于非营利性目的的，教育服务合同的签订是公开透明的，教育服务合同具有管理属性。

2.教育服务合同的构成

教育服务合同一般来说包括教育服务合同主体、教育服务合同客体和教育服务内容。教育服务合同的主体，包括各级行政机关和具有行政管理职能的事业单位，党的机关、纳入行政编制管理且经费由财政负担

---

① 如不特殊说明，本书所用的教育服务合同都是指政府教育服务（采购）合同，它是政府在采购教育服务的过程中签订和履行的协议。

的群团组织。教育服务合同的客体，包括在登记管理部门登记或经国务院批准免予登记的社会组织、按事业单位分类改革应划入公益二类或转为企业的事业单位，依法在工商管理或行业主管部门登记成立的企业、机构等社会力量。教育服务合同的内容，主要是政府部门与非政府部门合作者协商一致的有关教育的事项。教育服务合同已经签订，其内容就具有法律效力。

3.订立教育服务合同的过程

教育服务合同过程，同样要经过合同的形成、实施、终止或转换等环节。订立教育服务合同的目的是通过清晰、明确的合同条款，把政府与承包商两个不同组织的权利、义务和责任都确定下来，作为双方合作的依据，并在出现争议时，作为判定责任的标准。教育服务合同的实施过程，就是合同双方的权利和责任得以体现的过程。教育服务合同作为组织间的合作纽带，完善的、明确的合同，是教育服务公私合作组织进行管理的基础，是教育服务公私合作顺利进行的保证。

三、教育服务合同的管理逻辑

（一）教育服务合同的管理逻辑之一：从权威管理到合同管理

随着全球化、信息化的快速发展和知识经济时代的到来，人们对优质、多元和可选择的教育服务的需求日益增加，社会经济发展对创新型、综合型人才的需求日益旺盛，我国教育开始从规模发展走向内涵提高、从基本普及走向质量提升、从满足共性到追求个性。[1] 面对外部环境所带来的挑战，我国传统的以权威理念为基础的教育管理模式的弊端

---

① 参见胡伶：《教育社会组织发展与教育行政职能转变》，《国家教育行政学院学报》2009 年第 3 期。

日益凸显。主要表现为：第一，教育的国家化和公共教育权力的垄断，极易造成政府教育职能的缺位、越位和错位的问题以及教育服务提供的无效率、低效率和低质量问题；第二，抑制了作为办学主体的学校的积极性、主动性和创造性；第三，挤压了各种社会力量办学的空间，阻碍了各类社会组织的发展和壮大，减少了政府可资利用的外部优质资源，进而导致优质教育资源增量有限，存量不足。当前政府提供教育服务的质量、效率和满意度都遭受到了社会各界的严重质疑。因此，能够充分回应和彻底摒弃权威管理模式弊端的合同管理模式正越来越为人们所认同并逐渐发展成为有效破解公共教育服务提供难题的新型改革工具。

从权威管理走向合同管理是传统公共教育服务提供模式的嬗变。为重塑公共教育服务提供模式，必须打破传统的政府权威型管理模式，取而代之的是引入一种以教育服务合同为主要协调机制的管理模式。该模式主张采用政府购买教育服务的方式，通过教育服务合同的大量运用，引入市场、公民社会作为教育服务提供中的治理工具，将政府、市场、公民社会三种力量以恰当的结构加以整合，形成"政府—市场—社会"型教育服务提供的合力，进而有效解决公共教育服务长期存在的效率低下、覆盖面较低、可及性较差、质量不高以及公众回应性不足等难题。在合同管理模式中，政府组织和非政府部门组织构成教育服务合同管理的主要相对方，其关系是合同管理的核心。尽管两者都存在教育服务合同管理的需要，但是相对来看，政府组织获得具体的教育服务，而教育服务合同商获得一般等价物——货币。交换物之间可测量性的区别使政府组织成为更为主要的风险承担者，因而也应该是相对更加积极主动的合同管理方。

从权威管理走向合同管理，不仅是引入市场机制和社会机制而带来的公共教育管理模式的一种嬗变，同时也是公共教育治理格局中政府、市场和社会多元主体之间权力、利益和责任的重新调整和配置，是公共教育服务秩序中政府、市场和社会多元主体的一系列角色意识、价值取向、行为方式和互动结构的变迁，是政府与市场和社会的关系从单向依赖到多元互动、从行政指令向契约合作的整体转型过程。

表 3-1 公共教育服务的权威管理与合同管理模式的比较

	权威管理	合同管理
管理理念	强调权威、命令、服从等理念	倡导平等、自由、合作、互惠等合同理念
管理主体	政府机构和事业单位	政府机构、民营部门和非营利组织等
管理方式	配置与管制的分离	配置和管制的结合
管理目标	强调政治目标的实现	强调经济、效率、效益等
管理过程	公共的和私人的赛局参与者的分离	营造公平的、多元主体参与的市场竞争环境
管理机制	使用公法机制，通过政府机构来实施：①官僚机构；②事业单位	使用私法机制，通过民营部门和非营利组织实现目标：①合同；②招／投标
管理结构	官僚组织以机构内自上而下的权威和对委托人的控制或管制为特点	分权化的公共组织
管理的激励基础	行政本位主义	企业家精神

资料来源：詹国彬：《公共服务合同外包的理论逻辑与风险控制》，《经济社会体制比较》2011 年第 5 期。

（二）教育服务合同的管理逻辑之二：委托代理的观点

教育服务公私合作过程中政府组织和合同商之间的关系是典型的委托代理关系。委托代理关系的关键是解决协作的问题，从教育服务公私合作角度看，是解决作为委托人的政府组织对合同商的激励和控制问题，使代理人按照能使委托人福利最大化的方式行动。如果这是可以自动实现的，那么对教育服务公私合作的管理活动基本是组织内部的事：界定需要、确定目标、招标和签订合同。这个假设显然是不成立的，为了解决委托代理关系的基本问题，政府组织必须在对合同商的管理上做有效投入。

委托代理关系中的首要问题是激励不足或激励偏离。教育服务合同商具有独立的利益，不会完全将政府组织的目标认同为其自身的目标，这种目标和利益的差异会导致激励不足和有违政府组织利益的行为。通常教育服务合同反映了委托人和代理人在对交易关系中的贡献和诱导作出协商后形成的平衡，即委托人承诺以特定价格购买教育服务，而代理人承诺在该价格上提供特定教育服务，但是教育服务合同常常并不足以实现委托人与代理人利益的完全一致。代理人可能发现各种形式的怠工能够最大化其自身的利益，例如，代理人可能减少教育服务的供给数量，降低教育服务质量，将教育资源转移到其他用途，夸大教育成本或者将其他成本转入等。这些活动或者直接违反了教育服务合同，或者没有得到教育服务合同的明确界定。利益冲突的问题无法根本解决，即使在组织内生产的情况下，组织管理目标和雇员个人目标也不可能完全整合。政府作为委托人能做的就是通过坚持不懈地健全和完善激励机制，促使合理恰当的利益分享与风险分担的机制在双方之间形成。

委托代理关系中存在的第二个问题是信息不对称。一般而言，在信息充分的情况下，委托人可以及时发现代理人的越轨或怠工行为，并实施控制，从而部分克服激励不足的问题，实现贡献和诱导的平衡。信息不对称在政府购买教育服务过程中非常普遍。专业知识的缺乏、教育服务质量的难以衡量、环境因素的影响难以界定、教育服务合同造成的信息梗阻和教育服务合同承包商可以采取投机行为、隐瞒真实信息等，这些因素都可能造成政府由于无法准确把握合同承包商的具体行为而难以对其实施有效的管理和控制。信息不对称导致政府的错误判断，在寻找承接政府购买教育服务的主体时出现"逆向选择"即政府与不合格或者利益冲突更大的组织签订教育服务合同；它还导致合同商在获得教育服务合同后的投机行为，即通常所说的"道德危害"。虽然政府可以采取多种方式引入信息揭示机制，但是这些机制往往不完善，并且带来高昂的交易成本，很难在信息监控的收益和成本之间找到平衡点。同时还须注意，政府的信息揭示努力有时可能适得其反，导致合同承包商的怀疑和进一步博弈行为——不信任是自我强化的。

　　根据委托代理理论对教育服务合同管理的分析，可以整理出这样的解释路径：由于教育服务公私合作过程中政府作为购买主体与承接主体之间信息不对称和有限理性，[①]以及教育服务的不确定性，导致了教育服务合同中的代理问题，表现为合同双方会有利益冲突，会出现逆向选择和道德风险，还可能有高昂的代理成本；针对教育服务公私合作过程中代理问题的应对之策，委托代理理论提出了要有良好的教育服务合同设计，通过详细的教育服务合同条款，以约束和激励代理人，也就是对教育服务合同文本的管理；同时，通过教育服务合同双方信息共享以解决信息不对称的问题，建立长期合作伙伴关系而不仅仅是一次性或短期购买关系，解决利益冲突，即是对教育服务合同关系的管理。合同关系管理与合同文本管理便构成了教育服务合同的管理机制，从而改善教育

---

　　① 有限理性（Hounded Rationality）的概念是阿罗提出的，他认为有限理性就是人的行为"既是有意识地理性的，但这种理性又是有限的"。指的是尽管个体期望以理性的方式行动，但是他们的知识、预见、技能和时间等都是有限的，这一切都阻碍了个体完全理性的行动。人的有限性包括两个方面的含义：一是环境是复杂的，在非个人交换形式中，人们面临的是一个复杂的、不确定的世界，而且交易越多，不确定性就越大，信息也就越不完全；二是人对环境的计算能力和认识能力是有限的，人不可能无所不知。西蒙认为，现实生活中作为管理者或决策者的人是介于完全理性与非理性之间的"有限理性"的"管理人"。

服务合同的管理绩效。而影响选择教育服务合同文本管理与合同关系管理的因素，委托代理理论认为主要包括教育服务需求市场和供给市场的不确定性和复杂程度等。具体见下图（图3-1）。

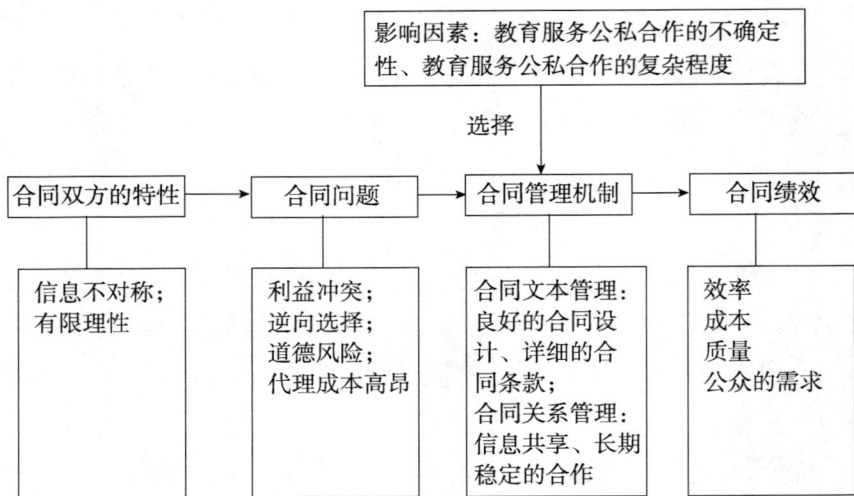

图3-1　教育服务合同管理的影响因素

由此可知，教育服务合同管理的绩效主要取决于合同文本管理、合同关系管理以及二者的平衡效应。因此，本书中有关教育服务合同管理的战略、教育服务合同管理的过程都会从合同文本管理和合同关系管理两方面着重去论述。

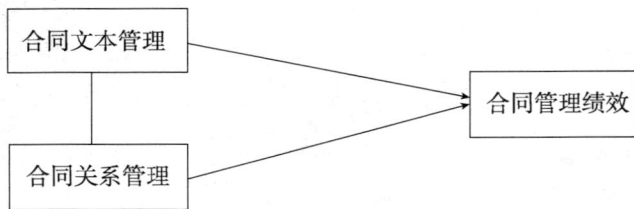

图3-2　合同管理绩效的影响因素

第二节　教育服务合同管理的战略

一、教育服务合同管理的基础

（一）教育服务合同管理的目标

教育服务的公私合作在合同层面上的意图是利用非政府部门在生产经营上的优势，目标主要是经济性和效率。通常的教育服务合同管理目标包括：提高公共教育供给效率和节约教育成本、改善教育服务质量、满足公众的教育服务需求、增加教育管理灵活性。

在设定教育服务合同管理目标时，需要坚持全面兼容和突出重点的原则。全面兼顾要求在战略取向上不排斥或忽视以上所提出的任何基本的教育服务合同管理目标，同时要求在不同目标之间设计配套互补的策略安排。实现教育服务合同管理目标的全面兼容的难度就在于，一方面，许多目标存在制度刚性和敏感性，其所代表的价值不能轻易忽视。例如，强势教育服务消费者群体可能因为担心教育质量下降而挫败政府的教育服务公私合作决策，因此，面面俱到有时是迫不得已的。另一方面，目标之间存在互逆性。节约教育成本可以通过减少教育服务人员数量或者使用低质量服务人员、减少教育服务的范围等方式取得，这些措施对教育服务质量的提升和满足需求能力的提高造成了不利影响。同样，教育服务质量的提升和满足需求能力的提高可能会对政府的管理自由造成硬性约束，使得政府的回旋余地减少；而以教育服务合同形式实现的程序规范，例如对于教育服务的内容、质量和数量的明文确定，则可能制约政府灵活应变的空间。政府进行管理时，要避免片面的思路，综合考虑不同教育服务公私合作目标之间的关系和相互影响，避免在特定角度承诺过多或者考虑不足而导致整个计划搁浅。

在全面兼容的基础上，政府可根据教育服务的特点和自身的需要确定教育服务合同管理目标之间的优先顺序。一般来看，节约教育成本和满足公众多元化、个性化的教育需求的动机常常是首位的，是教育服务公私合作的显在目标。教育服务质量和教育管理灵活性有时是作为约束条件存在的，其后果对于政府可能不是特别重要。这样一般偏好顺序反映了教育服务合同管理所面临问题的迫切程度顺序，排在前面的目标对于公共教育服务的提供是更基础的，相对容易获得成果，其效果也更容易得到测量。

（二）教育服务合同管理参与方

教育服务合同管理过程中基本的行动者包括政府组织、非政府部门组织、教育服务消费者和监管者，但并不是每一个合作交易都会卷入这四方，更不是每一方都能直接进入教育服务合同过程。政府组织和非政府部门组织是基本的合作方，消费者是接受教育服务的第三方。监管者可能一开始就是介入的，也可能只是出现问题的时候才会介入。

1. 政府组织

在教育服务公私合作的管理过程中可能包含很宽泛的政府部门，例如人大、上级教育行政部门、教育服务提供部门等，而教育服务合同的签订和管理一般由负责供给教育服务的政府组织完成。在进行教育服务合同外包时，政府组织首先要实现某种程度的教育职能分离，即将教育服务的决策和管理职能与教育服务的操作和运营职能分离。一般情况下，教育服务的决策和管理职能由政府组织保留，而对于教育服务的操作和运营职能，如果部分保留，则在一定程度上和教育服务的合同承包商形成了对照和竞争的关系。教育服务合同一般是在政府组织与教育服务供给组织之间签订的，为形成教育服务提供的规模经济，政府组织与其合作者可以采取联合购买教育服务的形式，这时政府组织可以达成联合购买教育服务协议，但是要注意协调教育成本的问题。

政府组织是教育服务的购买者，负责对教育服务合同签订者的管理。政府必须处理好与第三方教育服务消费者的关系，另外充当好监管者的角色。

2. 非政府部门组织

非政府部门组织包含营利组织、非营利组织、社会组织、社区组织、学校和个人等，是教育服务合同管理的相对方，是政府组织的合作伙伴。在单个教育服务合同里面，非政府部门通常是单一的组织，但是也可能包含多个组织。

非政府部门组织参与到教育服务公私合作中的目的并不相同。非营利性的组织往往具有强烈的公益性和使命感，但是它们服务的人群、区域、方式和内容差别很大，公私合作的个性化程度比较高。营利性组织参与教育服务公私合作，一般是基于利益动机，从而提高市场份额、改善企业声望、提高竞争力、发展与政府关系和影响未来公共教育决策。教育服务合作者对企业利益的追求并不能自动为政府带来效率的提高和成本的节约。在教育服务公私合作过程中，竞争性的教育市场与政府的有效管理至关重要。

非政府部门组织在接受教育服务合同时因为获得授权也被赋予了责任，即政府组织、教育服务消费者和监管者都可以在特定角度对其实施监督。接受教育服务合同改变了非政府部门组织面临的权利义务关系。

3. 教育服务消费者

教育服务消费者是当教育服务合同签订时，政府组织指定的接受该教育服务的机构或个人。对教育服务公私合作的管理在理论上为教育服务消费者赋权，使他们在一定程度上可以作出教育服务方面的消费者选择，形成对于教育服务生产者的压力，例如家长可以持教育购买凭证在不同公立学校或私立学校之间自由选择。

在教育服务消费者缺乏权势的情况下，教育服务公私合作可能只是服务了政府组织或者商业伙伴的利益。此时，教育服务消费者可以通过向政府组织反馈信息和投诉，促使政府组织调整教育服务合同内容或对教育服务合作伙伴进行约束。当政府组织与教育服务生产组织形成同盟关系时，为保护自身利益，教育服务消费者可以向监管者寻求援助。

4. 监管者

教育服务合同的监管涉及法律、政治、行政和舆论，包括立法机关、法院、政客、上级机关、媒体、意见领袖、专业协会和社团、公益机构等，它们可以在教育服务公私合作过程的某个时点或者全程施加影响。例如，政府可以通过教育立法或者制定教育政策对教育服务的公私合作作出各种限定，教育领域的专业评估机构可以对教育服务公私合作的前后效率进行评估，专业认证机构可以对非政府组织的资质进行认证，法院可以在发生纠纷时就教育服务合同的条款作出判决，而媒体和意见领袖可以汇集和反馈教育服务消费者的态度和要求。

监管者为第三方模型中各行动者提供共同的外部秩序，是教育服务公私合作过程的监督者、调停者和仲裁者。由于监管者具有大量的外部资源和权力，监管者对教育服务公私合作的一般态度，以及具体合作中的具体案例的判断，对于行动者的利益具有重要影响，因此也成为不同行动者所努力争取的对象。

二、教育服务合同的管理领域

通过文献的梳理和归纳，一般而言，政府的教育服务合同管理主要涉及以下四个管理领域。

（一）预算管理

教育服务公私合作中的预算管理的目标是控制教育成本和杜绝教育资源的浪费，存在教育成本核算和教育支出管理两个方面。教育成本核算对于确定教育服务合同的价格至关重要，这首先是政府对自身生产教育服务的成本核算，并与私人部门生产教育服务的成本对比。由于不连贯的会计程序、成本在各部门的分摊和间接管理费用等，确定可信的公私生产教育服务成本并作出对比非常困难。即使获得了准备的数据，在没有有效控制教育服务数量、质量和对象的情况下，教育服务成本对比结果也是不可信的。从教育支出管理的角度，要求政府组织制定规范合理的付款机制，使付款活动与教育服务的递送形成密切的配合关系，从而付款活动成为监督教育服务合作者业务活动的重要环节。教育支出管理应该与绩效评估建立直接的联系，形成对教育服务合作者进行奖惩的主要工具。

（二）激励机制

激励机制分为短期激励机制和长期激励机制，可以是单目标或是多目标的，基本意图是建立政府组织与教育服务合作者之间的利益共享和风险共担机制，促使教育服务合作者认同政府的偏好。激励机制的设定关键在于政府如何确定教育服务公私合作中风险和收益的分担比例和起点。

（三）绩效测量

绩效测量包含成果测量和过程监督两方面。由于教育服务缺乏有形的最终产品，对教育服务最终结果的测量相对困难，并且难以将其他影响因素剔除，因此常常用教育服务产出的测量来替代。但是产出和效果不是完全一致的，产出可能是无效果的，更多的产出甚至可以带来不利效果。政府在设定教育服务的绩效评估机制时，必须发展切实可行的教育服务衡量指标体系，尽量实现对于教育服务最终结果的衡量，并就各指标与教育服务合作者进行充分、细致和正式的沟通，达成一致，避免设定不当的教育服务衡量指标或沟通不足导致教育服务合作伙伴偏离合同目的的行为。政府要发展测量相应教育服务指标的主客观方法，形成可靠的信息收集渠道，建立规范的教育服务绩效测量和评估制度。由于教育服务的质量经常反映在教育服务过程的各个方面，对教育服务过程的监督也相当重要，政府可以用各种方式，包括不定期的检查，衡量教育服务提供过程的规范性。

绩效测量的另外一个主要问题是获取信息的障碍。政府虽然有权力对所有外包的教育服务公私过程进行监督和提取相关数据，但那时很少有承包商是完全为政府工作的，相关的教育服务全程切入在承包商的工作过程中，对其进行监督是非常困难的。同时，教育服务承包商也不会欢迎来自政府的绩效测量工作进入其经营过程。这导致绩效衡量往往只是停留在教育服务最终结果或产出的层面；相应地，政府难以通过获得教育服务生产者的信息来实现提前控制，通常只是在问题发生之后，才能采取措施。

（四）例外管理

合同总是不完全的。不完全性虽然可能导致误解、机会主义、异议和冲突，但是也会带来管理的灵活性。教育服务合同管理的重要方面是例外管理。这里的例外管理指在教育服务合同缺乏明确清晰界定的情况发生时，对于合同双方权利义务关系的管理。管理的依据除教育服务合同明文规定外，还包括各种法律法规和约定俗称的惯例。即使如此，在很多情况下，各种不确定性导致问题缺乏可以直接援引的条文和判例，而需要教育服务合同双方之间协商并取得共识。作为协商的基础，教育服务合同应该对例外情形的处理作出原则性规定。在日常管理中，政府要注意及时感知和确认例外的发生，在可能的范围内预防不利的例外发生，并积极在教育服务合作者之间就例外信息进行沟通。信任、公允和有效沟通是实现例外管理的基本条件。

三、教育服务合同管理面临的挑战

尽管公共教育管理与非公共部门的教育管理存在大量的相互学习和融合，它们仍然有重大区别。在教育管理的战略目标设定、组织内部管理和组织间管理方面，政府组织的公共性特征以及教育服务的公益性特征都使其与非公共部门存在明显差异。地方政府对教育服务公私合作的管理会造成公私制度接轨的需要，则即使管理良好的政府组织，也可能出现适应性困难。实现教育服务的合同管理，需要理解造成政府组织适应性困难的主要方面。

公共性引发的管理困境并非政府对教育服务公私合作进行管理时独有的现象。这种困境的实质在于政府公共教育管理所追求的多重价值之间的矛盾，即政府除了追求经典行政理论所倡导的教育服务供给的高效率，还追求政治和法律层面的多元价值，而这些价值之间经常存在直接的冲突。有学者提出了公共教育管理中存在的三个"大问题"，即微观管理问题、动机管理问题和测量问题。这些问题都是由于公共教育管理中的价值冲突造成的。教育服务合同管理同样受到这些问题的影响和困扰。

（一）微观管理问题

政府系统内的微观教育管理问题是指立法部门或上级教育行政部门为了加强控制和确保教育服务公私合作的政策效果，为教育服务公私合作的执行机构的行为制定一系列程序性规定。作为克服教育服务公私合作过程中委托代理关系问题的手段，程序管理使教育服务代理人的行为变得可见和可控。但是教育服务公私合作过程中政府与市场和社会之间的不信任、信息不透明和结果测量的困难可能导致程序性规则的自我繁殖，造成教育行政部门的目标置换，教育机构的主要精力可能被转移到满足规则而非创造结果上。

作为结果导向的地方政府对教育服务公私合作过程的管理虽然有规避公共教育管理繁文缛节的意图，但是在教育服务公私合作中，微观管理仍然存在。第一，现有的关于教育服务提供的法律和政策规定，并不因为政府对教育服务公私合作的管理而自动失效。这些微观管理的机制会继续影响相关政府组织及其教育服务合同商。第二，政府可能增设一些程序管理方法，以确保对教育服务合作者行为的监督和控制，防范各类风险。

（二）动机管理问题

动机管理问题是指对于参与教育服务合同管理的相关工作人员的有效激励，使他们能够为实现公共教育目的而创造性地工作。这不仅包括对教育服务承包商的激励，也包括对政府组织内部成员的激励。微观管理的意图主要是控制，预期的行为方向是服从规则；而动机管理的意图是激发，预期的行为方向是追求成果的积极行为。由于教育行政组织较多考虑稳定性和秩序性，在教育部门的相关官员晋升和薪酬确定上灵活性不足，较多依赖资历，与工作绩效之间缺乏紧密的对应关系，导致教育行政系统内部激励一般是低能量的，容易形成在提升政府的教育服务供给效率上的激励不足。

教育服务合同的有效管理需要激发公共教育管理者的管理激情，否则即使教育服务合作者是高效的，公共教育管理者对教育服务合同管理的不利也会带来绩效的损失。在教育服务公私合作中，需要引入一些激励措施，创造新的动机，这与新公共管理的许多措施是一致的。一个可能的尝试是将政府组织成员的经济收益与教育服务公私合作的绩效联系起来，在一定程度上使他们成为教育服务公私合作带来的教育成本节约的分享者，而不仅仅把教育成本节约变成纳税人的收益。其实这样的激励措施已经以各种形式获得小范围的应用，但是在理论和实践上都存在复杂的争论。例如，教育成本节约与公共服务精神的冲突、公共教育财政资源的公共性、管理不善者最易受惠等问题。更重要的是，如何将在教育服务合同管理上取得的成就和不足，正确地纳入教育行政系统的评价体系中；而后者在公私合作的大趋势下，本身也要进行足够的调整。在对教育服务公私合作的管理中鼓励公共教育管理者学习新知识和创造性地工作，仍然需要为其创造更多的和平衡的动机，而不仅仅由经济利益主导。

（三）测量问题

测量反映实际效果和预期目标之间的关系。能否有效和有针对性地测量教育服务公私合作活动的实际效果，是施加激励和实施问责的必要前提。要有效和有针对性地测量教育服务公私合作的实际效果，首先要求教育服务公私合作的目标是明确的。在一定程度上，测量问题首先是一个公共辩论的问题而非一个技术性问题。其次，测量问题还需要将所测量对象在正确层次上概念化和操作化。通常对教育服务公私合作的政策效果的测量层次存在投入、产出、结果和影响。但是由于教育服务的公共性特征，在效果与影响的层面进行测量会相对困难，常常用投入或产出的指标进行替代。教育服务合同管理继承了这些测量困难，容易对合同商缺乏及时、准确和导向明确的绩效测量。

第三节　教育服务合同管理的过程

教育服务合同管理是政府组织连续的决策和管理过程。以教育服务合同的生命周期为主线，在不同的合同阶段存在不同的管理目标、重点和工具。下面就教育服务合同的事前、事中和事后阶段的管理作出简要分析。

一、教育服务合同的事前管理

教育服务合同的事前管理是教育服务合同签订之前，政府所作的管理努力，具体包括对可以合作的教育服务的选择、对教育服务合作伙伴的选择、对教育服务合作方式的选择、对教育服务合作目标的设定、对自身管理机制的调整等，是对教育服务合作递送进行的各项准备工作。

（一）确定教育服务公私合作的具体领域

教育服务公私合作的领域通常表现出这样一种演进路径：从刚开始

的具有较强商业性的教育服务逐渐过渡到具有较强公益性的教育服务；从边缘性的、非核心的政府教育职能逐渐转向政府的核心教育职能。政府之所以采取这样的合作策略，主要是出于保护自身核心教育职能的动机，同时也考虑到当前中国的教育市场对各类教育服务的潜在供给能力。地方政府对教育市场的利用，既需要切合教育服务的自身属性和教育市场的实际提供能力，又需要比较合作提供教育服务与政府直接提供教育服务的优劣，设立具备可行性的教育服务公私合作目标。

（二）选定教育服务的合作伙伴和合作方式

对教育服务合作者的选择涉及基本的和具体的选择标准，目的是甄别教育服务合作者的专业能力和合作意愿。尤其是对于特殊教育服务，由于其服务性、公益性要求较多，因此这种类型的教育服务，国内外一般都倾向于与非营利组织合作。当然，在一定条件下，也可以与营利性企业合作，利用教育市场竞争来调节企业的行为。

在教育服务公私合作领域中，地方政府引入的社会资本的类型以及所选择合作伙伴的具体标准，主要是由确定外包的教育服务的性质所决定的。地方政府对教育市场中的非营利组织的选择，通常根据非营利组织的使命、业务能力、与政府的合作历史以及与社区的联系紧密程度等，采用非正式的方式确定。地方政府与教育市场中的营利性组织的合作，一般应通过市场招标的方式确定。对于新确定的需要外包的教育服务，地方政府可聘请专业咨询公司设立目标和标准，或者由其直接参与竞选。竞争性教育市场的存在是揭示信息的最好方法之一，政府要尽量采取竞争性招标方式，并且尽量避免形成集中的教育服务供给结构，保持教育服务生产者之间存在竞争。当然，在缺乏公开招标的基础条件或者公开招标可能无效时，地方政府也可以采取其他方式，如询价、竞争性谈判、邀标等。这个时候政府采购制度的一些基本要求，例如过程的公开、透明和有效监督，是避免公私部门合谋的必要手段。

选定教育服务公私合作方式需要考量多种因素，包括教育服务公私合作的目的、政府的教育管理能力、教育法规和教育制度的允许程度、教育资金的供需、教育服务和教育市场的特征、教育服务消费者群体的特征、公私合作中的不确定性，以实现教育服务供给者、教育服务生产者和教育服务消费者的三赢。惯用的教育服务公私合作方式是合同外包，由地方政府为生产教育服务的合作伙伴支付政府财政资金，并指定所需教育服务的各方面要求。这种方式由于使得政府可以通过制定教育服务合同来规范教育服务合作者的行为，这无形中给予了地方政府较多的控制权。

二、教育服务合同的事中管理

政府在教育服务合同缔结后到教育服务合同到期前，需要了解教育服务合作者的表现，以进行必要的控制或者提供协助。对教育服务合同进行事中管理是非常必要和极其重要的，这是因为：在教育服务质量和教育服务成本存在竞争关系的情况下，教育服务合作者的利润动机可能导致过度的教育服务成本节约行为，带来教育服务质量的下降以及其他道德风险。地方政府通过投入一定的人力、物力、财力等对教育服务提供过程进行必要监管，能够在最大程度上确保教育服务过程创造预期的结果。由于教育服务表现为重复性和连续性过程，一般不是一次性的服务提供，教育服务合同的事中管理也需衡量教育服务效果，但是总的来说，教育服务合同的事中管理更多的是衡量教育服务合作者对于教育服务合同规定义务的遵循程度，而不是衡量其服务活动的总的和最终的结果。教育服务合同的事中管理在政府组织参与教育服务生产过程的情况下相对容易，对政府组织或人员进入到教育服务生产协作中，与教育服务合作者具有直接的互动关系时，监控都相对易于实现。

对于教育服务合同而言，政府仅仅是教育服务购买者而非消费者，教育服务合同的事中管理意味着政府组织需要进入到教育服务的提供过程中，以取得相应的信息。此时事中管理容易形同虚设或流于形式。政府组织过多的过程监督成本是违背了教育服务公私合作的结果导向宗旨，易招致教育服务合作者的反感和引起摩擦。

教育服务合同的事中管理也可以借助间接的渠道。这包括：首先是有教育管理的竞争和教育市场的商业竞争。有教育管理的竞争要求政府保留一定的教育服务生产能力，这些教育服务生产能力一方面为政府准备谈判筹码、提供信息和促进竞争，另一方面本身也受到来自公私合作的竞争压力。同时，在教育市场上的商业竞争者会对教育服务合作者的行为构成外在的监督。为了减少冲突和不确定性，进入公共教育服务领域的非政府部门组织往往会在不同程度上主动模仿政府组织的教育服务提供规则和程序。其次是专业性监督。行业协会的一个重要功能是对业内组织进行认证，从而为缺乏专业知识的客户提供判断标准。在确认了行业认证本身可信度的前提下，政府可以将行业认证作为营利组织或非营利组织参与教育服务公私合作的一个条件，或者对获得认证的企业营利组织或非营利组织给予优先对待，或者鼓励教育服务合作者接受认证。再次是教育服务消费者。教育服务消费者是教育服务的受众，直接受到教育服务质量的影响。教育服务公私合作的方式不同，未必能够为教育服务消费者提供退出的选择，但是应该为教育服务消费者提供更好的发出声音的机会，使缺乏信息的直接控制转化为教育服务消费者推动的管理者介入，而教育服务消费者实时参与教育服务过程的特征，可以为教育服务合同的事中管理提供信息和依据。可以通过建立教育服务消费者投诉或调研制度，形成政府了解和约束教育服务合作者的重要工具。最后是媒体和研究机构。这些机构具有专业知识、权威和信息披露渠道，可以更有效地发现和揭露教育服务公私合作中的漏洞和弊端。政府可以主动和相关教育机构沟通，购买和认可其研究成果，避免走向被动。

在教育服务合同的事中管理上反映出来的交易成本，不可避免地会传递到事前管理阶段的考虑和决策中。地方政府组织在面对潜在教育服务公私合作的时候，所考虑的经济成本不仅仅是教育服务合同标书中的出价，而且包括在教育服务合同执行阶段的各种经济风险和可能支出，而后者用现有的市场手段，例如竞争性招标这样的标准市场工具，并不能得到有效的反映。这造成教育服务合同管理中一个基本矛盾，即市场工具从完整的合同管理角度看，并不一定能够给政府组织提供想要的最优解。此时关系作为一种社会资本，常常自然而然地会得到重视，但是它又极易走向腐败——社会资本既可能是市场无效率的解，也可能是其原因。

三、教育服务合同的事后管理

教育服务合同的事后管理是对教育服务合同目标实现程度的评估和反馈，主要是在教育服务合同到期时对教育服务公私合作绩效的评估。教育服务合同的事后管理并不总是在合同结束的时候进行，根据所评估对象的发展规律，政府组织可采取不同形式的阶段性评估，实现对教育服务合作者行为的监控和纠正。教育服务合同的事后管理包含以下三方面内容。

（一）建立评估指标体系

建立将教育服务目标实现程度量化的指标体系和定期的指标测量制度，是将评估规范化的前提。教育服务合同管理的全面绩效评价指标体系需要涵盖像教育服务供给效率、教育服务成本节约、教育服务质量、教育服务需求满足能力、教育管理有效性等分项指标，并在确定各项指标的相对重要性的基础上，对指标进行整合，形成对整体表现的评估，并随时间变动适时调整。由于公共教育服务的公共产品特征、量化指标及其标准设定缺乏可靠依据，可能造成执行软化和不执行。

（二）运用多种评估方法

评估分为正式评估和非正式评估、定性评估和定量评估、主观评估和客观评估、政府评估、教育服务消费者评估、专家评估和私人部门评估等。评估方法的不同会带来不同的结果，尤其当利益冲突存在的时候，更应该采取规范、权威、参与和各方认可的方法进行，尽量保证评估的客观性、真实性和有效性。作为政府，需要在成本允许的范围内，尽可能地从多个渠道获得信息，避免被片面的信息误导。

（三）运用评估结果

运用评估结果的第一步是将评估结果以合适方式反馈给教育服务合同的各个参与方。政府通过规范的和固定的渠道发布评估信息，可以获得利益相关者的支持，形成对于教育服务合作者的支持或压力。所反馈信息的形式和内容应该突出问题，显示针对解决方案的看法和解决问题的决心。明确、客观、规范建设性的评估信息具有权威性和公信力，能够引起重视和激发改革动力。公共教育管理者必须灵活掌握信息沟通技巧，以缓解和拓展其外部环境，加强对教育服务合作者的间接管理。

运用评估结果的第二步是决定是否对教育服务合作者采取措施，是奖励还是惩罚，是否需要对教育服务合同条款作出变更，是否继续合作或者取消合同，是否在教育服务合同结束时延续教育服务合同或者重新进行招标，甚至考虑收回教育服务合同等。政府在签订教育服务合同的时候就必须充分考虑在教育服务公私合作不成功情况下的合同变更问题，因为在教育服务合同签订后，由于专用性投资等各种原因，会造成政府对于教育服务合作者的依赖，使得结束合同另觅伙伴的当期成本太大。教育服务合同建立的同时可能就是竞争状态的终结和供给垄断的开始，教育服务合作者可能利用政府在取消教育服务合同上的困境而攫取不正当利益。纠正机制常常不是彻底更换教育服务合作者而是运用事前设立的奖惩机制。

最后评估结果也是对公共教育管理者采取奖励或惩罚措施的依据。评估信息本身对公共教育管理者具有评价、监督和约束的作用，尤其当教育服务公私合作出现不成功的局面时，评估需要认定公共教育部门应该承担的责任，公共教育管理者需要承担政策因素外的管理责任。

第四节　政府合同管理能力的建设：
以教育服务公私合作为例

在公共服务合作范围和程度不断扩展以及复杂性不断加深的背景下，政府合同不仅数量在增长，而且规模也变得越来越大，营利和非营利组织在公共管理领域将扮演越来越重要的角色。在全面深化改革的战略部署下，从中央政府到地方各级政府都倾向于寻找私人或非营利合作伙伴。2015 年 1 月 1 日开始施行的《政府购买服务管理办法（暂行）》，从公共政策的角度，进一步佐证了笔者的观点。近年来的实践证明，大力推进公共服务合同承包在深化社会领域改革、推动政府职能转变、激发经济社会活力、促进就业、增加公共服务供给等方面具有重要意义。公共服务的质量取决于我们的合同管理的质量。但政府部门有效合同管理能力的缺乏却是当前一个不争的事实。在如此深地依赖合同的背景下，如何使合同行之有效？如何使政府具有足够的、受过良好训练的合同管理能力？如何不断提高政府合同管理的水平，做一个"精明的买主"，进而更好地实现"为公众做个好交易"的目标追求，是亟待理论界和实务界深入探讨和研究的主题。笔者尝试从公共教育服务合同管理的实践中去探寻政府合同管理能力建设的方案。

一、加强政府合同管理能力建设的必要性和紧迫性

（一）教育服务合同管理的重要作用要求提升政府合同管理能力和水平

1. 教育服务合同将竞争机制引入教育领域，提高了服务提供的质量与效率

教育服务合同外包打破了原有的政府公共教育服务提供模式，将竞争机制引入教育服务领域，通过政府部门与非政府部门主体的合作实现公共教育服务的有效提供。教育服务外包助推了公共教育部门内部准市场机制的建立，提高了公共教育部门的效率。此外，教育服务合同外包，通过跨部门合作，以更低的投入更迅速地建设教育服务设施，并且更有效地运营，更容易取得规模经济效益；教育服务合同外包揭示了真实的教育服务成本，避免了浪费；通过教育服务合同条款将教育服务标准化明确化；通过教育服务合同形成了政府与非政府部门在教育服务质量上的比较优势和竞争，进而提升了公共教育服务供给的质量和效率。

2. 教育服务合同有助于政府有效回应社会公众多元化的教育服务需求

教育服务合同作为教育服务公私合作的一种工具，能够有效地将公民社会、市场领域中的优质教育资源吸引到教育服务领域中来，有效缓解政府公共教育支出不足的困境，弥补因政府教育财政困境和微观管理无效率带来的公众需求无法满足的状况。教育服务合同的使用，能够促使教育服务提供者更主动灵活地对教育服务消费者需求作出反应，更有效应对变化的教育需求，满足分散的教育需求以及特殊的教育需求。

3. 教育服务合同使公共教育部门的管理灵活性得到提升

教育服务合同工具的使用，倡导创新、试验、学习和改革，倡导新的合作形式和领域；减少了公共教育部门管理决策的行政层级；规避了公共教育部门的人事约束，例如在公务员招聘、晋升、工资管理、责任分配、工作安排等方面的僵硬和过多保护；让教育部门领导避开琐事而集中精力致力于教育计划、教育决策和教育监督工作。

（二）教育服务合同外包面临的约束条件，对政府的合同管理能力和水平提出更高的要求

当前我国的教育服务合同外包面临一系列的挑战和约束，它们共同决定了教育服务合同外包的成败。这些约束条件，从"供给方缺陷"和"需求方缺陷"两个维度划分，具体表现如下。

1. "供给方缺陷"构成的约束条件

教育服务合同外包中的"供给方缺陷"主要包括三方面。第一，竞争性教育市场的缺失。一个成熟的竞争性教育市场会带来教育服务

提供的高效率，教育服务产品的低价格和高质量。很遗憾，当前我国并未建构成熟教育市场，这严重限制了我国教育服务合同外包的发展速度，深刻地影响了教育服务合同外包的效果。第二，教育市场主体间的竞争较弱。当教育市场中的教育服务提供主体比较少时，实施合同外包可能会带来新的垄断或者可能无法实现预期目标。因此，地方政府应该赋权市场和社会，激发市场和社会的活力，进而形成"政府—市场—社会"型教育服务公私合作模式。第三，教育服务合同外包的负外部性。教育服务合同外包会给教育服务带来经济的和管理的绩效，但同时也可能会产生一些负外部性，例如，教育服务合同外包中的腐败现象、教育服务消费者利益的损失等，甚至还可能带来其他诸如社会公平风险和政府合法性风险等问题，这就对政府的合同管理能力提出了更多的要求。

2. "需求方缺陷"构成的约束条件

教育服务合同外包中的"需求方缺陷"主要包括：定义教育服务产品的难度和教育服务产品信息的匮乏；委托代理的复杂性导致监管失灵；多重代理导致价值目标错位；政府独立能力的缺乏导致主权的丧失。①

教育服务合同外包面临的供给方缺陷和需求方缺陷会以不同方式结合，进而形成多样化约束条件，这将对教育服务合同外包的项目抉择、面临的挑战和管理难题起到决定性的作用。因此，地方政府需要发展自身的管理能力和综合协调能力，能够区分不同教育市场所表现出来的不同问题，进而采用不同方式管理与教育服务合作伙伴建立起来的多样化的教育服务合同关系。教育服务合同外包面临的现实约束条件，对政府

---

① 参见［美］唐纳德·凯特尔：《权力共享：公共治理与私人市场》，孙迎春译，北京大学出版社 2009 版，第 27—28 页。

的合同管理能力和水平提出更高的要求。

二、政府合同管理能力建设的内容

（一）政府合同文本管理能力建设

1. 政府合同总体策划的能力

政府合同的总体策划决定合同外包的成败。政府合同的总体策划具体包括合同签订前、合同进行中、合同结束后的一系列活动的设计。具体包括政府合同签订前对教育服务的选择、对教育服务合作伙伴的选择、对教育服务合作方式的选择、对教育服务合作目标的设定、对自身管理机制的调整等的安排和准备；对政府合同运行中监管环节的设计；对政府合同结束后的一系列评估活动的设计等。毋庸置疑，一份好的政府合同策划，能够保证政府合同目标的顺利实现和合同绩效的良好达成。

2. 分析政府合同条款的能力

教育服务合同是在教育服务公私合作日益盛行的背景下出现的一种合同现象。教育服务公私合作最为重要的内容是教育服务合同，它是实现教育服务公私合作的有效凭证。而对于教育服务合同的管理则是教育服务公私合作得以实现的基础和保障。而教育服务合同管理开展的主要依据就是合同的条款。分析政府合同条款，需要公共管理者精通与合同相关的法律法规，熟悉政府合同的文本内容，能够宏观把控教育服务公私合作的环境，进而能够对政府合同的文本内容、履行合同面临的风险、挑战以及执行合同可能出现的问题以及解决方案进行详细、深入的分析。

3. 控制政府合同内容变更的能力

教育服务公私合作项目，是一项非常复杂的系统性工程，涉及多元合作主体、主体间的多元互动关系、合作过程中对公共教育权力的共享以及公共教育责任的分担。应然情况下，教育服务公私合作中的多元主体主要是依据教育服务合同内容，依法履约。然而，教育服务公私合作中涉及的教育服务合同，往往都是不完全合同，是在合同双方有限的认知和不确定的环境下签订的。教育服务合同的外部环境发生变化，可能会产生新的问题，需要政府及时对教育服务合同内容采取相应的调整和变动。如果继续按照原来的教育服务合同履行，可能会带来巨大的损失。因此，在教育服务合同管理过程中，政府对合同不容变更的控制极其重要，提升我国政府对合同内容变更的控制能力也是当前政府合同管理能力建设的重要内容。

（二）政府合同关系管理能力建设

1. 正确认知和准确定位合同关系的能力

随着教育服务公私合作的不断扩展，人们对教育服务合同的看法也发生了很大的转变。即从最初认为的一种建立在购买模式基础上的教育服务合同，发展到基于公私合作的教育服务合同，再到认识到在大多数最重要的关系中，更多像是政府与营利部门或非营利部门之间的联合。因此，理解随着教育服务合同关系的形成而产生的合同各方的相互依赖是必要的。

教育服务合同关系的类型主要有三种：合同购买关系、合同伙伴关系和合同联盟。在一个有大量教育服务合同运作的年代里，改进公共教育服务项目管理的最大障碍之一是能否正确理解在这一运作过程中形成的一些关系的性质。教育服务合同签订事关购买、形成合作伙伴、还是建立和维持联盟？从本质上看，当前教育服务公私合作中利用教育服务合同履行来实现政府公共教育服务供给责任的方式，实质上是政府与教育服务合同承包商之间建立的一种"合作伙伴关系"。"合作伙伴关系"远远超出了"协作"的含义。它意味着一种建立在相互承诺和共担风险基础上的、为同一目标而努力的资源整合。因此，我们必须更好地理解这些关系，更有效地增强驾驭这些关系的能力。明智的公共教育部门行政人员会积极主动地了解政府与其合同伙伴的差异，尽管无法消除这些差异，但认识这些因素有助于减少误解，建立一种更好的工作关系。另外，我们还应该考虑如何面对合作伙伴关系治理带来的挑战。因为实践中，真正的合作伙伴关系不常见，合作伙伴常常会比较弱小，经营太多合作伙伴关系会带来管理困境。

近年来，政府与教育服务合作者呈现出高度的相互依赖性，展现了一种联盟关系。合同变得更像盟约而不是购买协议。在这些联盟中，一开始就确立了合同是长期工作关系的开始这一期待。通常双方都没有终止合同的想法，因为合作伙伴关系不是购买协议，而是一项长期的事业。

2. 选择满意的合同伙伴的能力

选择满意的合同伙伴的能力关系到谁是政府的合同伙伴的问题。如果打算为公众做个好交易，那么就必须具备这种能力。公共教育部门应该从经济社会发展水平、政府教育管理职能性质、教育服务的类型、营利性企业和非营利性社会组织的行为方式等方面确定满意的合同伙伴。

3. 在变化中管理合同关系的能力

除了扩大的教育服务合同外包这一特定的问题，应该注意到扩大的教育服务合同外包带来的变化是发生在一个更大的环境中的，而这个环境自身也在发生着各种变化。人口的变化影响着教育服务的提供，也影响着教育政策制定的政治背景。政治背景也发生了变化。越来越多的公民把公共教育政策看作是一项付费服务。他们被描述成顾客，而他们自己也这么认为。他们希望对"怎样进行教育服务提供"发表他们自己的看法，并且想要符合他们口味的个性化的教育服务。这种类型的变化还在继续进行。当一种政治势力盛行时，合同外包常常服务于一些特定的顾客，但是没过几年随着政治环境的变化，该教育服务项目也就被束之高阁了。财政现实也在持续发生着或渐进或激进的变化。当教育服务愿望高涨和资源具备时，教育服务项目所涉范围和服务就会扩大。然而，虽然随着经济状况的变化资源会减少，但是期望可能仍然高居不下。而且，在经济萧条时期，要求政府提供教育服务的需求还会趋向增加。环境在变化、政府机构、非营利组织以及合同服务和商品的需求同样也在变化，公共教育管理者需要对这些复杂的情况保持敏感，学会在变化的环境中管理合同关系。

三、加强政府合同管理能力建设的策略选择

在政府购买教育服务的范围和程度不断扩展以及复杂性不断增加的背景下，教育服务合同的数量和规模也在与日俱增。在公共教育服务领域，我国政府正逐渐依赖通过合同形式由民营企业与社会组织生产和递送的教育服务，毋庸置疑，民营企业和社会组织将在公共教育管理领域发挥越来越重要的作用。在此背景下，对公共教育管理者而言，"他们必须学会合同的草拟、谈判以及监督其他组织的专业性知识，工作才能

有效进行，否则，他们的管理者地位将受到挑战"。[1] 通过以上部分的深入分析，笔者认为，加强政府的教育服务合同管理能力建设，提升政府的教育服务合同管理水平，可以采取以下策略。

（一）培育和坚守契约伦理，重塑公共教育管理者的公共行政精神

契约伦理与公共行政精神是政府管理合同的"软实力"，二者内化于公共教育管理者的价值观念中，外化于公共教育管理者的行动体系中。因此，培育和坚守契约伦理，重塑公共教育管理者的公共精神有助于进一步增强政府管理合同的"软实力"，有利于有效实现政府购买教育服务的政策意图。

首先，培育和坚守教育服务合同过程中的契约伦理。合同即契约，契约是市场经济或市民社会的产物，建立于"契约"之上的伦理精神即契约伦理精神，其特征为主体平等性、目的功利性、行为权衡性、自由合意、信守承诺。[2] 随着我国经济社会的快速发展，社会主义市场经济的逐步确立以及社会公众的民主意识的不断增强，以等级权威为基础，通过命令和控制方式实现公共教育服务提供的权威型管理模式日渐式微，并逐渐呈现出一种被以契约为基础、通过管理和协作方式实现公共教育服务提供的合同型管理模式所取代的趋势。依据契约伦理精神的特征，培育和坚守教育服务合同中的契约伦理，关键在于将契约伦理的有效实践与社会主义市场经济体制的健全和完善以及公民社会的发展壮大结合起来，形成科学合理地处理政府与市场和社会关系的正式规则体系，以逐渐彰显制度正义。

---

① ［英］诺曼·弗林：《公共部门管理》，曾锡环译，中国青年出版社 2004 年版，第 9 页。

② 参见朱玉知：《契约伦理与公共行政精神——公共合同有效治理的两个维度》，《四川行政学院学报》2008 年第 4 期。

其次，重塑教育服务合同管理者的公共行政精神。在政府购买教育服务过程，我国各级地方政府能否成为一个"精明的买主"，能否为公众做个好交易不仅取决于是否要签订教育服务合同、与谁签订教育服务合同、能否获得公平合理的报价，更取决于政府能否对教育服务合同进行有效的管理。衡量一个好的交易标准是多元化的，标价是一个因素，但有效性、公平性以及责任性也是一个重要的问题。[①] 一个好的教育服务合同，应当充分考虑教育服务消费者的合理诉求和公共价值的有效表达。教育服务合同管理凸显了政府管理的契约化倾向，彰显着公共行政的精神，贯穿着公共行政责任的实现。教育服务合同管理是一种以道德伦理上的"对"为前提，维护和实现绝大多数教育服务消费者的公共利益，体现一种公共的善的新型改革工具。在政府购买教育服务过程中，教育服务合同管理者拥有大量的自由裁量权，在其实施管理和控制的过程中应始终坚持服务人民群众的价值理念，以实现公共利益为依归，以履行公共责任为依托，以求得最大化的公共的善为旨归。政府部门要积极开展各种类型的教育活动，使契约伦理和公共行政精神有机统一于公共教育管理者的价值观念和管理行为中。

（二）健全和完善教育服务合同管理过程，规避合同管理中的风险问题

首先，健全和完善教育服务合同管理过程。在教育服务合同管理中，政府是以市场交易者的身份出现的，必须在市场的法律和制度框架内寻找到对问题的解决方案。政府这种角色的转变虽然为实现公共教育目的带来更多的备选工具、资源和便利，同时也带来了管理上的新问题。政府可能是缺乏教育服务合同管理能力的。这一方面是因为在传统

---

① 参见［美］菲利普·库珀：《合同制治理——公共管理者面临的挑战与机遇》，竺乾威等译，复旦大学出版社 2007 年版，第 125 页。

的行政管理体制下，政府的教育生产和教育提供过程往往是指令性的，实行垂直的等级领导，即使签订合同也主要是行政合同，受公法的调整和约束，政府缺乏管理市场合同的才能和经验。另一方面，在对教育服务合同的管理过程中，政府并不可能完全采纳市场单位的管理思维和方式，在管理目标、手段、外部约束上都可能缺乏必要的灵活性。这些原因带来了教育服务合同管理的困难。由于教育服务合同管理涉及政府购买教育服务的全过程，任何一个管理环节的失误，都可能妨碍政府购买教育服务最终意图的实现。教育服务合同管理要求建立一个与合同管理参与方协商后确定的适当的合同并实现所设定的目标。要求地方政府发展自身的合同管理能力，合理界定教育服务的各项标准，发展合同要约、设计选择合作者的竞争过程、进行合同谈判、监督执行情况、评估合作者绩效，并奖励或惩罚合作者，以实现直接政策意图，提高政府公共教育服务提供的能力和效果。在教育服务的合同管理中地方政府一般通过制定教育服务合同管理的战略，对合同的事前、事中和事后不同阶段采取不同管理策略和手段，提升政府合同管理能力和水平。

其次，规避教育服务合同管理中的风险问题。由于政府购买教育服务在利用市场机制和社会机制实现公共教育目的的同时，铸就了新的相互依赖关系，带来了公共教育权力的分享和政府责任性的模糊，重塑了政府的任务环境，在创造激励的同时也带来了新的成本、风险和不确定性。从这个视角看，对政府购买教育服务过程的各类风险进行管理，是实现政府有效购买教育服务的前提和基础。为了有效防范政府购买教育服务过程中的道德风险和逆向选择的风险，政府部门应该在教育服务合同签约前认真考察合同承包商的资质、资源和能力，通过公开招标的形式，利用竞争机制，筛选各类合格的承包商。在缺乏公开招标的基础条件或者公开招标可能无效时，各级地方政府也可以采取其他方式，如询价、竞争性谈判、邀标等。在此过程中要坚持公开、透明和有效监督的基本原则，这是避免公私部门合谋的必要手段，也是防范腐败问题和逆向选择问题产生的主要方式。各级地方政府要通过投入一定的人力、物力、财力等对教育服务过程进行必要监管，这能够在最大程度上确保教育服务过程创造预期的结果，进而实现政府购买教育服务的政策意图和目的。对教育服务合同的管理也可以借助间接的渠道。这包括：有教育管理的竞争和教育市场的商业竞争；以行业协会为基础的专业性监督；教育服务消费者的信息反馈；媒体和研究机构的信息披露等。

（三）发展和提升政府的教育服务合同文本管理和关系管理能力

合同管理既是对教育服务合作中的合同文本的管理，也是对教育服务合作中的合同关系的管理，属于目标管理的一部分。政府合同管理能力的强弱决定了政府合同的管理绩效。发展和提升政府的教育服务合同管理能力，是寻求教育服务合同履约高绩效的基础和保障。

首先，发展和提升政府的教育服务合同文本管理能力。政府的教育服务合同文本管理能力主要包括合同总体策划的能力、分析合同条款的能力、控制合同内容变更的能力三个方面。教育服务合同的内容非常丰富和复杂，因此，教育服务合同的前期管理显得尤其重要，而这个阶段的合同的总体策划几乎决定了政府购买教育服务的成败。教育服务合同的总体策划要求对有关政府购买教育服务的一系列重大问题和活动进行系统、科学的构思和设计，以期政府购买教育服务项目获得良好效应。以文本分析、风险分析以及履约分析为主要内容的政府购买教育服务合同分析是一项技术性、操作性和综合性很强的工作，要求公共教育行政部门的工作人员熟悉和掌握与教育服务合同相关的法律法规，了解和掌握政府购买教育服务项目的环境和条件，熟知和精通教育服务合同的文本内容及其条款，逐步实施教育服务合同管理战略以及具体策略等。合同的变更管理是教育服务合同管理的重要工作之一，控制合同内容变更的能力能够促使教育服务合同有效履约，减少不合规履约后可能造成的严重损失。它要求公共教育管理者深入教育服务合同的履约过程中，获取承包商对于教育服务合同规定义务的遵循程度以及教育服务提供的相关信息，迅速对承包商的不合规行为进行调控，及时对合同内容及其条款作出适当的调整和改变，使得教育服务合同履行与内外部环境相适应。

其次，提升和建设政府的教育服务合同关系管理能力。政府的教育服务合同关系管理能力主要包括正确认知和准确定位合同关系的能力、选择满意的合同伙伴的能力、在变化中管理合同关系的能力。教育服务合同关系的类型主要有三种：合同购买关系、合同伙伴关系和合同联盟。在一个有大量教育服务合同运作的年代里，改进政府购买教育服务项目管理的最大障碍之一是能否正确理解在这一运作过程中形成的一些关系的性质。在政府购买服务实践中，真正的合作伙伴关系并不常见，合作伙伴常常会比较弱小，经营太多伙伴关系会带来管理困境。公共教育部门应该从经济社会发展水平，政府教育管理职能性质，教育服务的类型，营利性企业和非营利性社会组织的行为方式等方面选择和确定满意的合同伙伴。此外，我们应该注意到扩大的教育服务合同外包带来的变化是发生在一个更大的环境中的，而这个环境自身也在发生着各种变化。政府购买教育服务的外部环境主要指宏观层面的政治、经济、文化等态势，这些宏观因素影响了教育服务合同管理的决策、执行和评估，为政府合同管理设定了外部参数。面对错综复杂的内外部环境，公共教育管理者需要运用新视角和新思路，正确认知合同管理发展大趋势，制定和实施合同管理的战略以及具体策略，学会在变化的内外部环境中管理合同关系。

第四章　教育服务公私合作中的关系管理

　　合同管理与关系管理是互补性的。在上一章分析了教育服务公私合作中的合同管理后，本章将进一步分析教育服务公私合作中的关系管理。

　　教育服务公私合作的最基本依据是治疗政府直接提供教育服务弊病的"竞争药方"。不论是教育服务的政府生产还是市场生产，激发教育服务生产效率的关键都在于是否存在有效的竞争。教育服务的官僚生产模式为人所诟病，根本原因就在于政府具有排斥教育竞争和垄断教育经营的倾向，而人们往往忽视了该因素的影响，在教育服务公共生产与低效率之间建立起直接联系。竞争也是有局限性的，过度竞争或无序竞争会带来社会福利的损失，竞争也可能导致垄断；而在竞争无效，例如自然垄断下，管制和登记下的协作也可能成为有效率的生产组织方式。竞争不是市场的专利，可以融入各类组织的内部激励机制中而成为组织绩效的一个源泉。同时还必须注意到，营利性企业和政府并非是仅有的两种教育服务供给主体，现代社会的发展和成熟推动了各种社会组织的出现。这些组织在服务社会和社区宗旨的指引下，可以有效提供大量的教育服务；而对这些教育服务的衡量指标中，效率的重要性不是压倒性的，竞争未必是最好的激励机制。社会组织构成了政府进行公共教育服务提供的又一个重要的合作伙伴。

　　教育服务公私合作的潜力很大程度上取决于市场和社会的发育程度，而市场与社会的发展壮大与政府的关系管理能力息息相关。政府的关系管理决定了市场和社会所提供的各种政府可资利用的资源和能力。有效的关系管理是通过有效的市场与社会赋权创造了更具资质的合作对象和更有力的合作条件，形成"政府—市场—社会"三元主体间的良性互动，进而提高公私合作的有效性和效率。能否在教育服务公私合作过程中形成对市场和社会整体的积极效果，形成进一步合作的基础，是教育服务公私合作中市场和社会赋权的目标。除了一般性的市场和社会政策，国家在教育服务公私合作过程中采取的有目的的相关教育政策可以促进对于教育市场和社会组织中潜在教育服务合作者的培育，增强而非耗散已有的外部教育资源。从这个角度看，教育服务公私合作的市场和社会效果不是一个静态的事实，政府需要通过运用恰当的教育政策和管理行为，促进教育领域市场和社会的发展，从而分享其能力增长带来的红利。

　　本章探讨的是通过教育服务公私合作中关系管理的赋权性政策和措施，主要是以政府对于教育服务公私合作的相关过程和问题的管理性行为为出发点，应对一般而非个别问题。本章主要考虑各级政府为了在政府组织和非政府部门组织之间建立教育服务合作平台、实现公私制度对接和取得总体效能而采取一般性的法律、经济和行政措施，以从根本上改变传统的政府教育行政扩张模式。从更开阔的角度看，赋权的目的在于进一步激发教育领域市场与社会的活力，增强教育市场主体的竞争力，进而为增强政府的竞争力创造基本条件。本章第一节讨论赋权理论是教育服务公私合作关系管理的一个解释框架，论述赋权的解释框架的提出，如何向市场和社会赋权以及赋权后达到的效果。第二节讨论了地方政府为建立和完善教育市场进行的一般性准备和管理。第三节依据公共教育服务的供给和需求市场的完善程度，探讨了不同教育市场状况下的教育市场管理战略。第四节就社会组织参与教育服务公私合作进行了分析，并提出在教育服务公私合作中建构稳定的合作关系，必须大力培育和发展社会组织的观点。

第一节　赋权：教育服务公私合作中关系管理的一个解释框架

在现代政府的服务化趋势下，"政府—市场—社会"的三分视角要求在它们之间建立良性互动的纽带和自治的领域。教育服务公私合作是三者间互动的一个重要途径，政府借此利用外部教育资源与能力，而非政府部门的组织也实现了其价值取向和利益诉求。然而，事实上，尽管经过了四十年的市场化改革，中国却并未建立起完善的市场和成熟的公民社会。中国的教育服务公私合作很难自发内生，必须借助政府的推动和管理。政府对教育服务公私合作的管理尤其是关系管理的能力和水平，决定了教育服务公私合作的效果。从当前我国的实际情况看，教育服务公私合作中关系管理的核心在于赋权给市场和社会，重点应放在政府与其他教育服务合作伙伴之间的权力共享和责任分担。因此，政府、市场和社会组织之间的权责配置及其相互关系的制度安排成为焦点。本章提出市场赋权和社会赋权的概念，目的是通过公共教育权力的重新配置，实现市场和社会的赋权增能，使其从教育服务公私合作中充分受益，进一步发展和优化教育服务合作提供的市场和社会基础，实现公私制度的接轨，发展积极稳定的教育服务提供的合作秩序。从更开阔的视角看，市场赋权与社会赋权的目的在于激发市场和社会的活力，增强教育市场主体和社会组织的竞争力，进而为增强政府的竞争力创造基本条件。

一、赋权：一个解释框架的提出

赋权（Empowerment），是一个来自西方的概念。从英文单词的字面意义上看，可以理解为"充能"或"使之有能力或权利"，也译作增权、充权、培力、增能等，它是指"人们获得开展活动、制定自己的议程以及改变事情的能力"。[①] 里夫金认为，赋权"可以被定义为创造机会和灵感，使那些没有权力或影响力的人们，获得技能、知识和信心来指导自己的生活"。[②] 中国学者认为，公共服务中的赋权就是"政府主动赋予市场与社会组织等非政府部门相应的职能与资源，以获得发展的动力与能力，实质是在要求政府在维护公共秩序、实现公共利益的前提下，将一部分执行性工作和服务性工作分享出来，通过赋权方式让渡给社会组织或者私营部门"。[③] 从这里可以看出，赋权是公共服务市场化的逻辑前提和理论来源。一般而言，被赋权的组织和个人都有很大程度的独立性和自主性。正确赋权三要素为：权限清晰、权责完整和稳定赋权。赋权是一个建立意识、增强能力和发展专业资质，通向更多参与、更加平等、更大影响的行动。

教育服务公私合作的最核心问题应是合作主体间关系管理的问题。如何在教育服务提供的政府、市场和社会三元主体间形成良性互动关系，建构良好的合作网络，形成稳定的合作秩序？笔者认为，问题的关键在于对教育服务主体间权力关系的有效、高效管理。"赋权"理论为教育服务主体间关系的管理提供了一个很好的解释框架。笔者认为，变

---

① ［英］伊琳·吉特、米拉·考尔·莎编：《社区的迷思——参与式发展中的社会性别问题》，社会科学文献出版社 2004 年版，第 4 页。

② Rifkin，"S.B.A Framework Linking Community Empowerment and Health Equity：It Is a Matter of Choice"，*Journal of Health Population and Nutrition*，No.2（2003）.

③ 汪荣有主编：《公共伦理学》，武汉大学出版社 2009 年版，第 89 页。

革中国教育服务的政府垄断提供模式的有效路径就应该是"赋权",通过市场与社会的赋权增能过程,激发市场和社会的活力,增强市场和社会的权力和能力,形成政府、市场和社会的三足鼎立形势,进而呈现出"政府—市场—社会"三元教育治理格局。这意味着公共教育权力的重新调整和公共教育资源的重新配置,其实质是对原来的公共教育权力和公共利益关系的一种调整和重构。

在当前中国教育服务的公私合作中,政府组织一直处于中心地位,相对边缘化的营利性组织和非营利性组织缺乏实现自我利益主张的权利和能力,亟须予以不同层面的赋权以提高其参与教育服务合作提供的能力和实现自身利益诉求的能力。国内研究教育服务公私合作的许多学者认为,没有市场与社会赋权,很难达成教育服务公私合作的良好绩效,更难实现中国教育治理的现代化。主要原因是我国的教育社会组织发展薄弱,教育市场不完善。教育社会组织力量的发展壮大和教育市场完善成熟是实现教育服务合作的基础。我国教育社会组织和教育市场发展的真实写照是:依赖政府的扶持、专业资质无法脱离公立学校"母体"、缺乏发展内在动力的教育社会组织发展还较薄弱,尚处于初级起步阶段;教育社会组织太少,还没有形成公平竞争的市场机制,维护教育市场所需各项制度规则还有待完善。由此可见,在我国,通过市场与社会赋权,完善教育市场和培育成熟的教育社会组织是何等重要。

对教育服务公私合作而言,"赋权"的概念应理解为"使市场和社会主体有能力或权利参与教育服务的合作提供",在政府、市场和社会三元主体间形成良性互动关系,建构良好的合作网络,形成稳定的合作秩序。市场和社会的赋权是一个非常复杂的过程,能否形成教育服务提供主体间的多元合作伙伴关系,关键取决于地方政府教育职能转变的需求和程度、教育市场的成熟程度和教育社会组织的完善程度。地方政府教育职能转变的需求和程度为良好的教育服务公私合作提供了可能性条件，教育服务提供的市场和社会这两大主体的成熟度、合作意愿和合作能力，则是教育服务公私合作走向现实的基础。

二、如何赋权：市场与社会赋权的核心问题

教育服务公私合作条件下，市场与社会赋权的核心问题在于能否实现公共教育权在政府、市场和社会之间的合理配置，在此基础上完善和发展教育市场、培育和壮大教育社会组织，进而形成稳定、有序的教育服务合作关系和合作秩序。本节主要从宏观视角出发，讨论政府在公共教育领域从集权控制向分权治理的转向过程中，在政府教育管理职能转型过程中实现"赋权市场和社会"的功能和价值。本章后三节内容将从中观和微观的视角探讨教育领域的市场与社会赋权现象。

当前，我国政府提供的教育服务难以满足社会公众的多元化教育需求，教育生产力发展受到极大限制。学者们认为出现这些教育问题的根本原因在于政府教育职能部门的公共教育权力不断扩张而导致的配置失衡，主要表现为：越权管理教育、扩权管理教育、交叉管理教育、集权管理教育、代替地方和学校管理教育。[①] 笔者认为，政府部门要实现"赋权市场和社会"的功能，建构"政府—市场—社会"新型合作伙伴关系，政府部门应通过确定公共教育权力归属、划定公共教育权力边界、归还地方政府和学校办学自主权、向社会让渡公共教育权这个环节，科学合理地配置公共教育权，逐步建立权力边界清晰、权责匹配、相互制约、执行有力、接受监督的国家公共教育权力机制。

总而言之，笔者希望政府通过公共教育权力的重新调配、通过市场赋权即发展和完善教育市场，为教育服务公私合作营造基础；通过社会

赋权即通过提供资金、授权和监督，进一步规范教育社会组织的运作，增进其合法性和提供更多机会，推动涉及组织的发展等措施，能在教育服务公私合作实践中发育和构造合法、合理和合情的合作行动空间，形成"政府—市场—社会"的新型合作关系，进而培育彼此认同的共同的合作文化，一种基于合作的价值观念，这是我们摆脱教育公共治理困境的一种"社会能力"。

三、赋权的预期效果：建立教育服务提供主体间的合作伙伴关系

政府与其他教育服务提供主体之间建立合作伙伴关系，既是强调政府和公民合作管理公共教育事务的良好形式，也是体现教育公共治理以市场机制为基础的重要内容。

的确，赋权市场和社会，是教育服务公私合作的必由之路和理性选择。在市场与社会赋权的渐进过程中，教育服务合作主体已经开始逐步与内外部利益关系人建立广泛的伙伴关系，并且搭建了利益表达和对话机制。在教育系统层面，任用商界人士参与改革方案的拟定，吸引私立部门参与学校的经营；在学校层面，社区、家长、教师，甚至学生都有机会参与学校决策。家长在学校管理上拥有发言权的事实已经产生了许多积极的效果，社会现在已更了解学校如何运作以及如何配合学校工作。

对我国教育服务公私合作而言，构建政府与其他服务提供主体之间的合作伙伴关系，是将政府职能转变进程与教育市场化和社会化进程相结合的过程，是公共教育的现实和长远发展需要的一个战略选择。我们必须清醒地认识到，政府与其他教育服务提供主体间的合作伙伴关系以及合作秩序的建构、维持将是一个持续的、循序渐进的过程。

第二节　发展教育服务的市场

市场是资源配置的一种有效方式和手段，其不可能自动调节发挥作用，需要来自政治、经济、文化等方面的支持。现代国家的政府通常都对市场存在不同程度的直接利用，但在公共教育服务提供上，对于教育市场的大规模利用还只是近来的趋势。对于市场经济制度发育不足和缺乏公私合作传统的我国，政府需要采取更加积极的措施，发展公共教育服务的市场，营造公私部门之间的战略合作的基础。

一、建立教育服务市场

在政府提供的公共教育服务持续增长的趋势下，公共教育服务的市场存在巨大的发展潜力。建立规范、稳定和健康发展的教育市场，需要有序、深化的教育综合改革和拓展公共教育服务的提供机制，形成规范化的教育服务合作秩序和多样化的教育市场供给结构，建立教育服务外部生产者对于政府的信心和正确的预期，促进长期的教育投资和公私合作行为。

（一）建立教育服务生产方式的选择机制

地方政府需要以教育法规或规定的方式，确定对教育服务生产方式的选择机制，为教育服务公私合作建立法律基础，从长远上奠定和保障教育市场与教育社会组织在公共教育服务生产中的战略地位。相关规定包括选择教育服务生产方式的一般标准、决策权限、允许范围和限制性规定等。地方政府应该对公共教育服务进行分类和界定，确定原则上应该由政府直接生产或者由教育市场直接生产的教育服务。对于不需要由政府直接垄断其生产的教育服务，当涉及满足新的教育服务要求时，需要相关政府组织在教育服务提供决策程序上加入教育市场生产的选项，考虑采取公开招标等方式。而对于教育服务存量，需要建立绩效评估体系，对比教育服务的直接生产与外部生产的绩效，为存量教育服务供给中引入选择机制提供依据。

教育服务生产方式的选择机制要求政府组织进行结构调整，以重新配置其教育职能，即要求政府体系内形成与外部生产单位具备一定可比性和可替代性的教育服务生产组织。提供公共教育服务的政府组织将其教育财政支出和教育服务供给的决策部分与其直接教育服务生产的部分分离，即实现公共教育服务的决策与执行的分离，使执行组织成为教育服务生产决策中的选择对象。

（二）对教育服务公私合作的立法与行政推动

缺乏导向的教育服务公私合作不能在总体上实现最好的效果，中央政府、上级政府和教育主管部门等，可以用行政命令和指导性意见的方式对教育服务公私合作的范围、内容、方式和重点作出规定和指示，为教育服务公私合作规划演进的步骤。教育主管部门可以对管辖领域内的教育服务公私合作事项作出规范和管理，制定标准，并监督执行国家在相关领域的教育政策规定。

尽管教育服务公私合作并不必然是一种被迫的教育服务供给方式的选择结果，但在很多情况下，政府组织和官员出于组织利益的考虑，缺乏公私合作的意愿。事实证明，来自部门领导和立法机关的推动是形成教育领域综合改革尤其是教育服务公私合作浪潮的不可或缺的条件，在一定程度上可以通过动员式的政府改革，实现政府机构的调整和新的激励机制的形成，塑造新的公共教育管理文化，为经济社会新常态化的教育服务公私合作创造条件。

（三）解除管制

公共教育服务的垄断提供可能是政府立法和管理的要求。法律可能明确规定由政府直接生产某些教育服务，或者在教育服务生产者的资格例如资本金、规模、经营年限等设置外部教育服务生产者不可能满足的进入标准。形成教育市场，需要在教育服务的分类和界定的基础上，清理、废除、修改或放宽不合时宜的相关法律性文件，以及各种妨碍教育市场进入的限制性、歧视性规定，或者一些不成文的惯例。由于政府组织对于教育管制的偏好会渗透到整个管制环境中，全面系统的法制清理和修改工作十分必要。同时，有必要采取措施破除原来的管制环境下所形成的教育管制利益，抑制既得利益对于教育服务公私合作的阻碍。

（四）建立教育服务的联合购买机制

教育服务需求的市场化需要克服单位需求量过小的限制。当单个政府组织的教育服务需求量过小时，可能难以发现教育市场的合作者，无法享受教育规模经济利益，或者缺乏谈判筹码，这会阻碍教育服务公私合作目标的实现。在这种情况下，可以考虑建立在组织系统内或者跨区的教育服务联合购买，或某种集体谈判的机制，以形成教育规模经济，并平衡教育服务买方和卖方的力量。这反映了与公私合作的一般理解相悖的理论和现实问题，即公私合作并不总是表现为分权或权力下放的问题，它同时也可能是一个集权和权力收拢的过程。教育服务联合购买机制在参与的政府组织间形成了教育福利共享的关系，避免了零散发生的交易过程，但是集中的教育服务购买也可能带来一些问题，例如事实上不存在创造教育规模经济的需要，实际的教育服务需求者不能进入教育服务需求的界定、谈判和监督过程，以及在教育服务合同订立与教育管理之间的脱节问题。

二、完善教育市场交易制度

教育市场不仅是教育服务产品的交易场所，也是缔结交易关系的动态过程和结果。对教育服务公私合作的交易制度进行规范化，有助于形成教育服务公私合作的正常秩序和达成有效公私合作的结果。

（一）建立教育服务合同的一般程序

关于政府服务合同的签订的理论和实践，可谓汗牛充栋。民营化大师萨瓦斯对政府合同的签订过程曾有详细描述：（1）考虑实施合同外包；（2）选择拟外包额服务；（3）进行可行性研究；（4）促进竞争；（5）了解投资意向和投资者资质；（6）规划雇员过渡；（7）准备招标合同细则；（8）进行公关活动；（9）策划有管理的竞争；（10）实施公平招标；（11）评估标书和签约；（12）监测、评估和促进合同的履行。[①]

设定规范化的教育服务合同管理程序可以避免政府组织在从官僚型向第三方模型转移过程中，在免去原有教育制度束缚时，对新的教育任务和教育形势适应不良，或者在教育市场交易过程中出现过多随意性。萨瓦斯所发展的合同过程，为官员清晰指出了必要的教育服务合同阶段、任务和工作重点。为了发展必要的程序控制，公共教育管理者必须至少接受最低程度的合同管理培训；对教育服务公私合作项目的全过程，能够有清晰、完整和规范的文件记录。政府可以从政府合同规范和审计要求上对此进行规定。但是必须同时注意对教育服务合同过程的过

[①]　参见［美］E.S. 萨瓦斯：《民营化与公私部门的伙伴关系》，周志忍等译，中国人民大学出版社 2002 年版，第 183—215 页。

于严格的限定会带来重新官僚化的现象，造成政府在教育服务合同谈判、签订和执行上缓慢、多头管理和过于谨慎。

（二）以竞争为核心的教育市场交易安排

教育竞争是教育服务公私合作的灵魂。政府可以采取各种形式对教育服务合同作出规定、指导或建议，促进教育竞争局面的形成，方法包括以下几种。

政府规定以公开竞争招标为基本的教育服务招标方式。要尽量吸引和鼓励各类教育服务生产者进入教育服务的招标程序，以公平和公开方式建立教育市场的交易关系。对于采取非公开竞争招标方式的，包括邀请招标、竞争性谈判和单一来源采购等，应该有明确合理的依据和书面说明，同时制定确保该过程的合理性和公正性的措施。

减少教育领域"在位者"优势。政府现有的教育服务合作者在竞争教育服务合同时有各种优势，形成对于潜在竞争者的进入威慑和实际壁垒。政府可以采取多种手段避免形成当前教育服务供给者的垄断，包括：尽量直接拥有专用性教育资产的产权或者避免专用性程度高的外部教育投资；将教育服务尤其大宗教育服务沿水平和／或垂直方向分割给不同的教育服务合作者，避免对于单一教育服务供给者的依赖；避免教育服务合作者对服务过程制定标准；维持一定的自有专业技术能力，要求对教育服务合作者所发展的知识和技能的共享；设定更换教育服务合作者的预案，避免震荡；承诺对于新竞争者一视同仁。从短期看，这些促进教育竞争的措施可能增加政府的教育管理负担和成本。

破除限制教育竞争的不合理规定。对于教育服务合作对象的一些要求可能直接排除了竞争，例如在办学年限、规模、合作历史、教育筹资方法、盈利水平上的一些限定。要避免参照当前教育服务合作者的情况订立标准，更要避免其进入存在利益冲突的教育服务合同招标决策过程。教育部门的主管者需要清晰意识到各种条件所直接带来的对教育市场竞争的效果。

（三）交易的价格标准

教育服务合同的定价原则依教育市场的差异而定。当教育市场上存在类似的教育服务时，可以以教育市场的均衡价格作为参照；当教育市场上存在该类教育服务时，可以以政府直接生产教育服务的成本作为制定教育服务价格的参照。如前面所指出的，教育服务价格设定的主要问题是如何核算和确定在政府生产与购买教育服务两种情况下实际政府的教育服务成本，政府财务和会计制度的不同使得政府的教育服务成本测量的可信度和精确性存在问题。当政府实现对于其教育服务业务操作部门的企业化、市场化改造后，具备可比性的公共教育部门服务成本核算体系才有可能考虑不同的支付方式。

三、规范教育服务公私合作中的财务管理

毋庸置疑，财务管理是对教育服务公私合作所涉及资金的管理，是形成和完善教育市场的重要一环。

（一）教育资金来源管理

公共教育服务提供主要是由政府的教育财政资金承担的。在教育资金来源管理上政府需要考虑和规范以下四个方面。

1.教育服务合作者的信用和财务状况。信用良好、财务状况稳健、具备资金运作和偿债能力的合作者，在教育资金筹集和使用上的成本和风险都较小。在选择公共教育服务合作者的标准上，政府可以建立一般性的信用和财务状况要求。

2. 融资。对于存在较大资金需求的教育服务项目，政府可以根据资金规模和管理能力，为教育服务合作者提供银行贷款担保。政府需要监督合作者的教育服务项目融资手段。

3. 资金优惠。为了鼓励私人部门进入长投资周期和低利润的公共教育服务领域，为降低教育服务合作者的教育成本，政府可以考虑实行税收减免、给予低息或无息的政策贷款、允许无偿或低价使用公共资产如土地等。

4. 收费。合作者在提供有偿教育服务时可能收取一定的费用，构成政府支付的补充部分。对于教育服务收费的方式、水平、分享比例等，政府需要保持决定权和有效的控制。

（二）教育资金使用管理

教育资金使用管理的目的是规范教育资金的流动，减少浪费、漏洞和摩擦。

1. 教育资金调度。教育服务公私合作条件下的教育财政资金给付，理想的方式是围绕教育服务项目建立资金账户，实现清晰的资金流程管理，统一接受政府的财务监督。这取决于政府公共教育服务体系本身是否实现了一定程度的教育服务项目管理。

2. 财务制度对接。政府需要研究如何将教育财政预算、拨款、结算等制度与公私合作条件下的教育服务资金流实现对接；研究建立规范的票据制度和程序安排。

3. 教育资金使用的报告和预警机制。政府组织可以根据相关教育服务项目的规划建设进程，设立教育资金的动态给付计划，实现教育资金给付与教育服务项目进展和实际教育服务提供之间的均衡。对于教育资金给付与预期教育服务项目进展之间的差距分析，是建立教育财务预警机制的一个重要方面。

（三）财务风险分担机制

教育服务本身不以盈利为目的。公私合作引入了盈利的动机，但是公共教育服务的性质没有改变，教育服务是免费的、象征性收费的或者部分补贴的，其价格一般不是由供需决定的。教育服务合作者的利润水平受到监管，会被控制在实际成本的某个区间范围内，以创新实现超额利润在教育服务合同更新的时候应该转化为政府的教育服务成本节约。与政府对于教育服务生产者利润的限制相对应，政府需要承诺足够的教育服务需求稳定性，减少教育服务合作者面临的风险。在公私合作条件下政府的风险分担方式需具备两个特点：第一，风险分担的范围和方式尽可能以明确的方式规定，如以教育服务合同形式确定；第二，风险分担不能在本质上扭曲政府部门和非政府部门组织的合作关系，造成过度软约束，使国家承担对合作者的无限"保释"义务。

第三节　基于教育服务市场分类的管理战略

教育服务公私合作的一个基本理念是利用竞争性教育市场相对于政府组织在教育融资、运营及创新激励上的优势。通常人们仅注意到作为教育服务市场供给方的私人企业或非营利组织，它们的状况会影响教育服务公私合作关系的形成以及合作的效果；而实际作为教育服务需求方的政府，其自身状况也会对教育服务公私合作的形式和效果产生相当影响。从教育服务供给方和教育服务需求方的角度进行市场分类，可以为政府的教育市场赋权战略提供一个重要的分析角度。

凯特尔在《权力共享：公共治理与私人市场》一书中从供给市场和需求市场的不完善性出发，对市场做了划分，作为政府组织在微观层面有针对性地实现合同管理的基础。① 本书在凯特尔所作分类的基础上作了一些调整，主要考察政府对教育市场的一般性管理政策和管理策略。

一、教育市场划分的标准

公共教育市场可按照古典经济学理论，依教育市场竞争的程度进行分类。

（一）教育服务供给市场

竞争性教育服务供给市场的存在提供了政府进入的最好条件。在存在自然垄断、进入壁垒、先发优势和市场高度集中等情况时，教育服务生产者可能缺乏基于竞争的效率和创新的动力，使得政府通过教育服务公私合作提供实现教育服务供给目标的难度增加。

教育服务在纯官僚模型下由政府组织垄断供应。在教育服务公私合作的初期，这些教育服务可能面临缺乏教育服务市场供给者的情况。此时政府退而求其次创造教育服务市场的举措，是将政府原来的教育服务运营部门市场化，与之签订教育服务合同，形成教育服务的市场化，但是此时教育市场经常仍然是垄断的。最为进一步的举措，政府需要引入教育竞争。例如名校办民校的方式，实行跨区域的校长招聘，以鼓励各种教育资源进入教育市场。

（二）教育服务需求市场

教育服务需求市场上足够数量购买者的存在和一定程度的竞争，对于推动教育服务公私合作的整体效率是有利的，这种情况使得教育服务

---

① 参见［美］唐纳德·凯特尔：《权力共享：公共治理与私人市场》，孙迎春译，北京大学出版社 2009 年版，第 24—32 页。

生产者能够对需求者进行一定程度的选择，迫使后者遵守教育市场规则，更规范地履行教育服务合同。教育服务需求市场存在一些限制购买方竞争的因素。第一，教育服务购买方主要是政府，政府间的等级制结构或公共利益协调机制可能形成购买方的联盟，导致购买方垄断。第二，许多教育服务由于经济技术条件的限制，主要局限在特定的行政区域内，而难以形成对于多个地区教育服务需求市场的满足，因此，也就形成对于所在地区教育市场的买方的依赖。第三，作为教育服务买方的政府组织所具有的行政规制、教育管理或政策制定权力，也是导致教育服务需求方垄断的原因。第四，有些教育服务的需求是由政府所垄断的。

二、教育市场分类和教育市场管理

按照教育服务的供给和需求市场的完善程度，主要依据教育市场竞争程度的高低，对教育市场进行了一个理想型的分类。如表4-1所示，该表假定教育市场的竞争程度越高，则其完善的程度越好。根据对教育市场类型的划分，该表提出了政府采取的一般教育市场管理政策的取向。

表4-1 教育市场的分类和公私合作下教育市场管理政策取向

		教育服务的供给市场	
		完善	不完善
教育服务的需求市场	完善	鼓励外部购买教育服务	管制下的教育服务公私合作
	不完善	维持和促进教育竞争	谨慎的教育市场化

（一）鼓励外部购买教育服务

这适用于教育服务的供给和需求市场都相对完善的情况。这些教育服务主要是一些商业化程度比较高的服务，其教育服务市场供需方参与者众多，教育服务内涵易于界定。例如现在教育市场中的各类公务员培训机构、事业单位培训机构、语言培训机构、技工技能培训学校等，它们提供的教育服务都非常的明确，管理企业化程度高等。由于政府可以较为方便地利用已有的教育市场，公私合作的潜在风险较低，更容易实现教育服务合同管理的目标。对于这些教育服务，政府通常采取鼓励外部采购教育服务的办法。

（二）管制下的教育服务公私合作

这适用于教育服务供给市场垄断而需求市场相对分散的情况。对于存在自然垄断或一些由教育竞争带来垄断的教育服务，相对分散的政府组织在购买该类型教育服务时，缺乏谈判优势，取得满意的教育服务效果和实现成本节约十分困难。此时，公私合作依据情况不同而需要政府采用教育管制和解除教育管制的配合措施。对于教育市场上新兴的垄断教育服务，政府的管制部门要配合教育服务购买部门，对教育服务的垄断行为进行约束、减少甚至依法进行破除，确保政府部门在购买教育服务活动中获得公平对待。对于原有的政府垄断教育服务，在教育服务市场化的进程中，需要政府解除教育管制的措施，尤其是降低进入教育管制。原有教育管制的解除应该是逐步的和有选择的，政府需要按照实际情况，修改教育管制的方式和标准，引导社会资本的进入，创造教育服务公私合作的基础。

教育市场管制的思想可以渗透到购买此类教育服务的具体过程中，比如可以从政策上要求对教育服务需求进行集中，而对教育服务供给市场采取分散化的管理策略。

（三）维持和促进教育竞争

这适用于教育市场存在需求方垄断而供给方相对分散的情况。相关的教育服务通常是公益性强和开支巨大的公共教育项目，例如城市失业人员的再就业培训、社区老年人的教育项目、残疾人学校等。政府由于其唯一需求者的地位，具有更多讨价还价和实施控制的权力，可以更容易地从教育服务供给方的竞争中受益。但是这种情况下政府的不当行为可能会浪费甚至误用其单一需求者的地位，导致对于教育市场竞争的破坏。首先，政府可能缺乏自我约束，将行政过程控制不当地引入教育市场交易中，放大其原有的官僚疾病，甚至走向寻租行为。其次，当政府对于教育服务的目标和标准缺乏清晰认识时，其单一需求者的教育市场权力容易使其滋生各种临时的教育服务合同修订行为，以调整其教育服务目标和标准，而这会给教育服务合作者带来负担和成本。此外，如果政府不善于利用教育服务供给市场的竞争，建立起对于一个或少数教育服务生产者的高度依赖，还会丧失其原有的教育市场主导地位。

因此在这种情况下，教育服务公私合作过程中市场管理的目标是维持和促进教育市场竞争。政府组织需要进一步理解、遵守和运用教育市场规则，要加强自我约束和提高教育管理能力，减少各种非理性和违反教育服务合同的行为，为巩固和发展教育市场创造有利条件。政府需要建立完善教育市场经济的法律体系，确立政府在教育市场中的角色，主动约束政府行为，为教育服务合作者主张自我利益提供法律保障。同时政府通过在组织机构、制度和人员上的改革，加强公共教育管理者对教育市场的理解和实际参与教育市场运作的能力。

（四）谨慎的教育市场化

这适用于教育服务市场上需求方和供给方同时存在垄断的情况。该情况下的教育服务主要是一些具有高度外部性、特殊技术与制度规范的公共教育服务，使得其教育服务的供给和需求市场同时易于形成高度集中的市场结构，造成供求双方的相互高度依赖。例如针对残疾人、聋哑人等的特殊教育。需求方只能是某一个特定的政府，而需求的规模和对供给方资格、能力和长期合作需要，使得合作者只能是一个或是少数几个。这样在政府与合作者之间直接形成了长期的相互依赖关系，在公共利益与合作者利益之间就可能出现混淆和道德风险。

在这种双向垄断的情况下，政府要采取谨慎的教育市场化策略，即在缺乏风险控制能力的情况下，不能贸然采取教育市场化，放弃组织自生产；或者可以将存在高度风险的教育市场化实践实现反转，即重新收回该业务，也即"逆市场化"行为。同时对于进行中的教育市场化业务，要加强监督和评估，确保公共教育部门的利益独立及其教育管理与政策的独立。另外，加强对于教育服务合作者的考核，避免教育服务合作者在实际上被"国有化"——而这仅仅意味着享有一定的权利，而将教育市场分享和教育经营风险转嫁给国家。

第四节　教育服务公私合作中的社会组织管理战略

一、社会组织与教育服务

（一）社会组织与公共服务

社会组织，狭义上指在民政部门登记的社会团体、民办非企业单位、基金会这三类组织，广义上包含了政府组织和企业组织之外的各种以提供公益为目的的组织，涉及慈善、医疗、教育、学术、环保、艺术、文化、扶贫等各类社会领域。本书采取广义的定义，社会组织的职能与政府存在一定程度的类似，即试图解决存在市场失败的公共物品的供给问题，但是社会组织与政府提供公共物品的逻辑不同。在公共服务的提供中，民主政府服务于多数人的偏好，而社会组织服务于特定利益群体的集体需要，后者成为进一步解决公共需求与政府供给间差距的机制。社会组织具有自治性、非营利性、非政府性和志愿性等特征，在现代社会也被称为政府与企业之外的第三部门，是现代社会的重要力量。

在社会组织与政府的关系上，一方面，传统的国家——社会观存在对冲突范式的强调，即当把社会和国家视为两种需要保持距离的领域时，则来自政府的影响会破坏社会组织原有的社会内嵌性，减少或扭曲其自治、志愿和非政府的特征，使得社会的发展依附于国家。在行政国家的发展趋势下，尤其二战后福利国家的成长，更强化了这种国家取代社会的忧虑。在社会生活中，行政组织、法律和政策的确逐渐取代了在社会和社区中存在的自我服务和共济机制，剥夺了人们自行解决各种社区内甚至全国范围内的社会问题的能力。对这种现象的反思也体现在20世纪90年代的政府改革思想中，在《改革政府：企业家精神如何改革着公共部门》一书里面，奥斯本和盖布勒尖锐指出，"工业化经济和大生产的出现，促使人们去使用专业人员和官僚去做那些本来由家庭、邻里、教会和志愿组织做的事情"。①

另一方面，社会组织与政府存在共赢空间，可以合作并很好地实现公共服务提供。通过社会组织进行服务尤其是社会服务和人类服务，以部分替代现代国家的官僚体系，是公共服务与地区的或社区的环境相适应的一个可以选择的策略。社会组织可以发挥其富于公益精神、社区联

---

① ［美］奥斯本、盖布勒：《改革政府：企业家精神如何改革着公共部门》，周敦仁译，上海译文出版社2006年版，第18页。

系方便、组织灵活和善于创新的特点，弥补国家行政系统在政策执行中的缺陷，有效地发现、理解和解决问题，优化服务提供的效果，并最终促进社区与社会的发育。在这个过程中，政府通过社会赋权，主要是通过提供资金、授权和监督，并通过法律和政策建设，可以进一步规范社会组织的运作，增进其合法性和提供更多机会，推动涉及组织的发展。

吉德伦、克莱默和萨拉蒙（Gidron、Kramer、Salamon）等人在《比较层面上的政府与第三部门关系：合作还是竞争？》一书中总结出公共服务提供中政府和社会组织的四种互动关系模式。[①]

表 4-2　政府与社会组织的互动关系模式

功能 ＼ 模式	政府支配模式	社会组织支配模式	双重模式	合作模式
资金筹集	政府	社会组织	政府／社会组织	政府
服务提供	政府	社会组织	政府／社会组织	社会组织

吉德伦等人关于社会组织与政府关系的模式区别还是粗线条的。菲沃克与安德鲁将公共服务提供中社会组织的角色分为七种类型：独立的服务提供者、协作的服务同盟、接受补贴的服务供给者、合同商或代理商、合作伙伴、战略竞争者、倡导者／说客。[②]

---

① 参见汪锦军：《政府与非营利组织合作的条件：三层次的分析框架》，《浙江社会科学》2012 年第 11 期。

② 参见汪锦军：《政府与非营利组织合作的条件：三层次的分析框架》，《浙江社会科学》2012 年第 11 期。

表4-3　公共服务提供中社会组织的角色

1. 独立的服务提供者：社会组织独立地向社区提供服务。
2. 协作的服务同盟：社会组织通过合作与协作，参与公共服务提供计划与实施，配合和补充政府的行动。
3. 接受补贴的服务供给者：社会组织获得政府多种形式的支持，包括直接拨款、补贴、税收减免以及免费的土地与办公设施等。
4. 合同商或代理商：社会组织获得政府的服务合同而获得公共资金。
5. 合作伙伴：社会组织与政府建立协作的伙伴关系，在经济发展和社会服务提供上，不仅作为政策实施者和服务递送者，而且可以参与到政策制定和政策评估的阶段。
6. 战略竞争者：社会组织与政府提供的服务存在竞争，例如业委会和私立学校这样的导致其成员脱离市民社会整体的"私立政府"。
7. 倡导者/说客：社会组织的一个重要作用是在民主过程中推进公民参与，实现组织使命和服务支持者。

（二）教育社会组织与教育服务

　　教育社会组织是社会组织的下位概念。教育社会服务组织也被称为教育服务组织或教育中介组织，是"介于政府教育行政部门和办学实体或其他社会组织之间的、以提供教育专业服务为职责的、以促进公共教育利益为目的的一种非政府组织，也是教育类社会中介组织的一种，主要承接政府和民间法人代表委托、购买的具体教育事务，为学校提供专业服务"，"是按照法律、法规，坚持独立、公开、公平、公正的原则，在社会活动中发挥服务、沟通、公证、监督功能，实施具有服务、执行及部分监督职能的社会组织"。[1]

教育社会组织与政府之间也存在共赢的空间，二者的合作可以很好地实现公共教育服务的提供。通过教育社会组织进行教育服务尤其是纯公共教育服务和准公共教育服务，以部分替代传统的政府垄断教育模式，是公共教育服务与地区的或社区的环境相适应的一个可以选择的策略。教育社会组织可以发挥其公益精神、社区联系、组织灵活和善于创新的特点，弥补传统的政府垄断教育模式缺陷（例如，教育服务供给的低效低质、教育财政不足、教育公平难以实现、多元化教育需求难以回应等）有效地发现、理解和解决教育服务方面的问题，最大化教育服务提供的效果。在此过程中，地方政府通过社会赋权，主要是通过提供资金、授权和监督，并通过一般的法律和政策建设，可以进一步规范教育社会组织的运作，增进其合法性和提供更多机会，推动涉及教育社会组织的发展。

二、教育服务领域中政府与社会组织合作关系的进展

近年来，各级政府出台了若干文件，积极鼓励和支持社会力量兴办教育。越来越多的社会力量也逐渐介入到公共教育领域，举办各类学校，极大地推动了我国教育事业的改革和发展。在我国，社会力量举办教育，更多地体现在民办教育事业的发展上。据教育部发表的《2017年全国教育事业发展统计公报》，全国共有各级各类民办学校（教育机构）17.76 万所，比 2016 年增加 6668 所；招生 1721.86 万人，比 2016 年增加 81.63 万人；各类教育在校生达 5120.47 万人，比 2016 年增加 295.10 万人。其中：民办幼儿园 16.04 万所，比 2016 年增加 6169 所；

---

① 周徐红：《教育领域社会专业组织发展研究——以上海浦东新区为例》，上海交通大学硕士学位论文，2007 年，第 36 页。

入园儿童 999.32 万人，比 2016 年增加 34.24 万人；在园儿童 2572.34 万人，比 2016 年增加 134.68 万人。民办普通小学 6107 所，比 2016 年增加 132 所；招生 137.7 万人，比 2016 年增加 9.94 万人；在校生 814.17 万人，比 2016 年增加 57.84 万人。民办普通初中 5277 所，比 2016 年增加 192 所；招生 209.09 万人，比 2016 年增加 20.36 万人；在校生 577.68 万人，比 2016 年增加 44.87 万人。民办普通高中 3002 所，比 2016 年增加 215 所；招生 111.41 万人，比 2016 年增加 8.52 万人；在校生 306.26 万人，比 2016 年增加 27.18 万人。民办中等职业学校 2069 所，比 2016 年减少 46 所；招生 78.68 万人，比 2016 年增加 5.04 万人；在校生 197.33 万人，比 2016 年增加 13.19 万人。另有非学历教育学生 30.23 万人。民办高校 747 所（含独立学院 265 所，成人高校 1 所），比 2016 年增加 5 所；招生 175.37 万人，比 2016 年增加 1.52 万人；在校生 628.46 万人，比 2016 年增加 12.25 万人。另有民办的其他高等教育机构 800 所，各类注册学生 74.47 万人。从以上数据可知，近年来，民办教育得到了迅猛发展，社会力量正在积极参与到教育治理中来，其产生的影响将越来越巨大。特别是党的十八大以来提倡的鼓励引导社会力量兴办教育的规定，为民办教育改革发展指明了制度性方向。毋庸置疑，社会力量正逐渐成为我国公共教育服务提供的主体之一，我国的教育服务提供主体正逐步走向多元化，这将助推我国教育事业发展迈向一个新台阶，开创我国教育事业崭新的一页。

三、教育服务领域中的社会组织管理

教育服务的公私合作能否成功，主要取决于政府对教育服务公私合作的管理能力，而政府管理能力的提升，很大程度上源于政府职能能否随着制度环境的变化而实现成功的职能转型。因此，政府职能转变的程度成为公共教育公私合作成功的可能性条件，另外，教育服务合作中的不同提供主体的成熟度和自身意愿则成为公私合作富有成效的现实基础。因此，为了能够满足公众的差异化、多样性的公共教育服务需求，提升教育服务质量和效率，降低教育成本，促使公共教育服务公私合作富有成效，我们在政府教育职能转变的进程中，需要同时加大力度培育和发展社会组织，增进二者间的合作意愿，提升社会组织与政府合作的能力和水平，这将为教育领域公私合作奠定坚实基础，同时也是政府的社会赋权战略之一。

国家通过各种形式的赋权，提高教育社会组织在教育治理和教育服务提供中的地位和作用，是当前国际公共教育管理发展的一个重要潮流。在政府与教育社会组织合作伙伴关系中，政府建立教育市场和对教育市场进行管理的战略，在一定程度上仍然适用于教育社会组织。此外，政府要根据教育社会组织的特征和其所从事教育服务的特点，进行适度的政策调整。

首先，竞争不是政府与教育社会组织合作伙伴关系成功的灵魂。尽管适度促进竞争具有积极效果，而且在教育服务需求量大的城市存在推动竞争的可行性，一般来看，教育社会组织参与竞争的条件相对欠缺。

其次，要避免合作关系对政府与社会的独立性的侵蚀。在政府与教育社会组织合作伙伴关系持续发展的情况下，一种可能的局面是教育社会组织高度依赖政府的授权和资金，主要执行政府交办的事项，从而逐渐丢失其独立的使命和与社区的内在联系，在很大程度上转变为政府的执行机构；同时政府亦高度依赖教育社会组织提供公共教育服务，而为了对教育社会组织进行有效监督、约束和激励，将试图按照公共组织的原则对其进行干涉和改造。这种局面将逐渐削夺教育社会组织的自治性，压抑其社区精神和首创能力，同时政府也可能为此背上新的社会负担，形成巨大的但是缺乏效率和灵活性的影子政府。这要求政府必须注意保持与教育社会组织的距离，通过相关政策、经济和法律措施，鼓励后者保持社会组织的独立性和社会内嵌性，鼓励社会组织获取更多收入来源和保持自身的财务平衡。从本质来看，政府需要避免过多进入本可以由教育社会组织自行供给的教育服务，或者尽可能创建有利于社会治理能力发展的环境，从而避免通过公私合作的手段去进一步延续行政国家的逻辑。

第五章　教育服务公私合作中的社会平衡

　　教育服务的公私合作作为一种重要的政府行为，不可避免地会产生各种外部效应。这些外部效应相对于作出教育服务公私合作决策的决策者或者其组织而言，是由其他的工作人员和组织尤其是外部的教育工作和教育组织直接承担的。无疑教育服务公私合作作为一种政策主张，被期望带来各种积极的外部效应，例如教育服务消费者的教育成本的减少和多元化、个性化教育需求的满足、更有效的教育治理以及更有活力的教育市场和教育社会组织，这些都是形成教育服务公私合作的政策动力。本章关注由教育服务公私合作带来的消极或负面的外部效应，即由教育服务公私合作的决策者或决策组织之外的社会来承担的一些成本。由教育服务公私合作所带来的利益矛盾和社会不公，可能直接造成教育服务公私合作的社会和政治障碍，形成不利于教育服务公私合作的外部环境。政府作为一般的公共教育管理者的角色，并怀有推动教育服务公私合作以获得积极效果的初衷，它必须对教育服务公私合作的负外部效应进行衡量、管理和控制，以加强相关政府组织的社会责任建设尤其是公共教育责任建设，这在本书中被称为教育服务公私合作的社会平衡。

　　奥尔森在其《集体行动的逻辑》中指出，"理性的，自利的个人不会为了共同的或群体的利益而采取行动"①，除非个人行动带来的收益大于成本。公共物品的公共性特征以及个人行动的特征很难激励个体采取行动，这导致实现集体行动必须依赖特定的诱导或控制。教育服务公私合作在重塑教育服务提供模式的同时，其所带来的利益和成本在社会中的分配是不均衡的。这种不均衡的分配和再分配效应使得受到影响的人群中，一部分人会因为教育服务公私合作的政策设计或执行而出现利益的净损失，成为社会成本的主要承担者。人们会因为"权利"的被剥夺感而产生认同，进而形成对于教育服务公私合作的政治抵制行为。这种集体抵制行为的发生概率、行动方式和可能后果，因为所涉及社会成本的属性不同而存在差异。从奥尔森集体行动的逻辑看，教育服务公私合作中社会成本的存在形态，决定了被影响的个人的成本收益对比，从而塑造了集体行动的方式和政府的反应方式。

　　本章依据奥尔森集体行动的逻辑，按照社会成本的分布从分散状态向收敛状态过渡，将教育服务公私合作的社会成本区分为两个主要方面：教育服务公私合作中的腐败问题、教育服务公私合作中消费者权益损失，进而去探索相应的解决途径。限于研究范围，本章仅从集体行动能力的角度分析了教育服务公私合作造成的社会成本的两个方面。

---

① ［美］曼瑟尔·奥尔森：《集体行动的逻辑》，陈郁等译，上海人民出版社2011年版，第5页。

第一节　教育服务公私合作中的腐败问题

一、教育服务公私合作中的腐败

教育服务公私合作中的腐败是腐败的一种特殊类型，缺乏约束和规制的权力容易导致腐败。权力本质上是一种可以得到贯彻的自由裁断，一旦失去规约，权力很容易受到个体无度贪欲的诱惑而走向腐败。对于政府组织而言，其掌控的公共权力是对于社会资源的公共分配机制，政府作为拥有自我私利的组织，在公共权力很难受到监督的管理活动过程或环节中也必然会滋生腐败。此外，腐败还可能被制度化，进而形成腐败的刚性制度以及腐败文化。腐败就像桶里的水，就像气球里的空气，只要有一个洞、一个孔，"它"就可能蹿出来肆虐一番，在"它"的眼里，没有道德之分、没有雅俗之别，一旦权力失去监督和制约，圣人都可能逃不脱私欲和利益的诱惑。

腐败是教育服务公私合作中的普遍问题。教育服务公私合作引进了市场交易这样一个充满了非行政性规则和不确定性的过程，这就大大增加了政府机关及其工作人员自由裁量的范围。在教育管理边界交叉的情况下，大量的教育财政资金流由于缺乏健全的法律监督和非正式制约机制，而带来权力寻租的机会。各国教育服务购买中的一个常见弊病是官员腐败造成的低劣绩效和社会信任丧失。而像中国这样经济高速发展而法治尚不健全的国家，在腐败高发阶段出现大规模的公共服务公私合作尤其是公共性程度较高的教育领域的公私合作，就更会面临腐败的危险。① 教育服务公私合作涉及的腐败在个人和组织层面都是存在的，主要包含以下四种类型。

1. 以教育服务公私合作为名义，将教育服务外包给予组织或个人有利益关系的其他非政府部门。

2. 操纵教育服务公私合作的招标过程，从中标者中收受利益反馈。

3. 不正当地给予教育服务合作者各种公共教育权力，并分享收益；采取虚假教育服务公私合作的方式，保持对教育服务合作者事实上的行政领导，分享利益。

4. 在不合适的教育职能领域，以不适当的方式将教育服务外包给不具备教育服务合作能力的非政府部门组织，谋取利益。

教育服务公私合作中的腐败在全国普遍存在，即使在发达国家中也是屡见不鲜的。因此，揭露教育服务公私合作中的腐败现象，揭示此类腐败的特点、造成的社会成本，建构惩治和预防此类腐败的系统体系有一定的现实意义和理论价值。

二、腐败的社会成本特征

教育服务公私合作中的腐败普遍存在，此类腐败带来的社会成本具有分散的存在形态。这类型的腐败耗散了公共利益和财政资金，其负面效果对于作为抽象主体的国家是直接和集中的，但是对于每一个公民，却可能是间接和分散的。在这种情况下，这类型腐败的负面效果在庞大的公民群体面前容易被稀释。同时由于这类型腐败的行为隐蔽性和复杂

---

① 根据透明国际组织自 1995 年开始发布的各国廉政指数，中国从名列 5% 最腐败的国家，改善为 2005 年的中度腐败国家。这在很大程度上是由于参加排名的国家从 40 个增加到 159 个所致。从绝对排名看，中国从 1995 年的第 39 位下降到了 2005 年的第 78 位。

性，公民很难直接感受到其严重性。教育服务公私合作中出现的财政浪费、税收流失、官员和教育项目负责人的暴富，在没有直接严重受害群众或被媒体广泛报道的情况下，其引起的关注往往是分散的。虽然政府有关部门的合法性会受到损害，但是这类型腐败也可能被接受为一种生活方式，使民众陷入犬儒主义的泥潭。但是教育服务公私合作中的腐败并不总是免于集中的激励的社会反应。当经济发展减速或者失业压力增大，这类型腐败现象的揭露可能是突发性的、大规模的，社会的普遍失望、焦虑可能在反腐败的旗帜下急剧升温而引发形成大规模的群众运动。此时腐败控制的努力与政府基本的合法性等同起来。任何一个政府都必须保持谨慎、认真的态度，来避免由腐败导致的这种不利的集体行动。

三、惩治和预防腐败的系统建构

政府必须积极应对教育服务公私合作过程中的腐败高发性，以防止腐败成为教育服务公私合作的泥沼。在不考虑此类腐败的社会动因的情况下，可以认为腐败是理性行为，是个人和组织对于腐败的成本和收益进行理性计算的结果。在其他因素给定的情况下，如果此类腐败的收益越大，权力的范围越大，权力运行越不规范，外部环境越宽松，惩治力度越弱，则腐败的结构会越强烈地诱导官员走向腐败。据此，图 5-1 设计了一般的惩治和预防腐败的系统，包括四个主要的腐败过滤系统。这些系统会层层提高腐败的机会成本，步步增加腐败行为的难度。

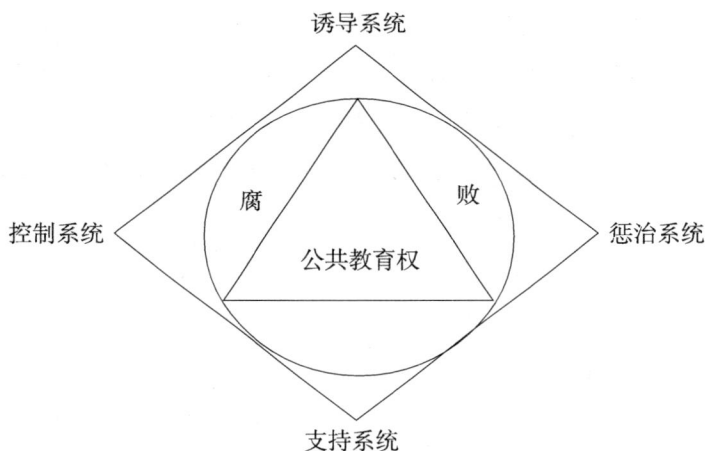

图 5-1　惩防教育服务公私合作中腐败问题的系统网络体系

（一）诱导系统

诱导系统通过建立教育服务公私合作的良性激励机制，引导教育管理者廉洁奉公，诱导教育服务合作者依法履约，诚心经营。该系统反映了反腐败制度建设中因势利导的方面，要求将个人利益与集体利益、委托者利益和代理者利益进行合乎组织意图和人性规律的制度设计和配置，以诱导出一致但非合谋的行为，例如将教育服务公私合作的成本节约和服务效果与教育管理者的收入与升迁挂钩，或者与合作商签订激励性合同。

（二）控制系统

控制系统根据一般的廉政价值和公私合作的特别情况，为教育服务公私合作过程设置各种内部预防和控制机制。通过制度建设，约束公务员的越轨行为，增加腐败行为的难度和败露风险。该系统反映了廉政建设的监控方面，要求控制腐败的制度是完备的、执行有力的和不断更新的。从一般廉政价值看，教育服务公私合作过程应该体现透明、公平、参与、程序法定、领导问责、回应性等基本公共教育治理价值。政府尤其要大力完善教育服务合同和相关的管理制度，确保规范手续的履行和相关信息的完整记录、适当公开和有效审核、提高各方监督的能力，减少权力操纵的机会。此外政府可以将教育服务公私合作作为一个反腐败的专项治理领域，制定特别的防腐反腐措施，严防在不适当领域以不适当方式进行的公私合作。

（三）惩治系统

腐败惩治属于威慑性措施。惩治主要包含了检察和惩罚两个方面。就检察来看，要求检察部门对教育服务公私合作过程保持高度警惕，强化信息收集和加大调查和侦讯的力度，建立现代网络化的查案办案机制。从惩罚的角度看，按照现代犯罪学鼻祖贝卡利亚对惩罚的界定，惩罚必须是公共的、迅速的、必要的、与罪行匹配和依法施加的。惩罚不仅仅是针对政府官员，还包括不合法的教育服务公私合作的伙伴。

（四）支持系统

体制外的反腐败参与对抑制腐败能有效提供外部支持，使反腐败部门更能捕捉信息，获得支持并面临压力。正确引导反腐败的外部参与，可以使政府的整体角色转变为积极的反腐败行动者，而非被动的被追诉者；同时在这个过程中社会的不满得到释放，有助于改变社会对于腐败的漠视、麻木和愤世嫉俗的态度。同理，教育服务公私合作中的反腐败行动也应该积极鼓励外部反腐败的参与。为了构建一个有效的支持系统，政府需要创造群众和媒体参与教育反腐的制度和渠道，需要取信于民，使得利益相关者获得表达和诉求的机会，正确引导社会对于教育服务公私合作过程中腐败的关注。随着现代社会的发展，教育服务公私合作中的腐败走向高端化，具有更强的隐蔽性，发展一个教育反腐败的社会网络对于获得教育腐败线索是非常重要的。政府必须开放和保护公民、媒体对于教育服务公私合作中腐败的举报、调查、报道和讨论。

第二节 教育服务公私合作中消费者权益损失

一、教育服务公私合作中的消费者权益

教育服务公私合作除了成本节约的考虑外，无一例外会强调对教育服务消费者利益的保护和促进，即带来更好质量的服务、更低的价格和更多的消费者选择。推动教育服务公私合作的实用主义信念通常在政府、市场组织和消费者之间假定一个帕累托改进的局面，即在政府减少成本、市场组织获得利润和消费者获得性价比更优的教育服务之间，存在一个共赢的局面。但是实际上政府和市场组织的经济目标与消费者利益之间存在此消彼长的关系，当政府和市场组织具有过强的成本节约动机时，其所采取的措施往往以减少消费者的福利和选择为代价的。

在评价教育服务公私合作对于教育服务消费者利益的影响之前，首先需要注意教育服务消费者利益是一个综合性的概念，例如至少包含以上所提到的教育服务质量、价格和消费者选择这三个维度，因此在衡量教育服务消费者利益变化的时候，必须进行整体性的衡量，确定不同指标对于教育服务消费者的重要性。这一点是很难实现的，因为公共教育服务面临的不是一个抽象的无差别的消费者，而是不同的社会阶层。在收入、职业、教育、信仰、政治态度等方面上的差异使得教育服务消费者对于"消费者利益"中的不同指标的需求和敏感程度是不一样的。例

如，当教育服务的价格升高与服务质量改善一起发生的时候，对于高收入群体的教育服务消费者来说，其教育服务消费者利益可能是平衡或是增加的；而对于低收入群体的教育服务消费者而言，他们可能更强调控制教育服务成本和确保一定的服务供给量，而这种变化对他们可能意味着教育服务消费者利益的减少。再进一步看，教育服务质量的维度是由教育服务的频率、标准、范围、内容、态度、回应性、规范程度等构成，教育服务消费者在这些二级指标上的重视程度是分化的。

除上述之外，还必须找到这种现象，即教育服务消费者利益的下降可能不是由于教育服务合同商不遵守教育服务合同造成的，而是政府组织进行教育服务公私合作的初衷：通过教育服务公私合作剥夺在公共教育服务提供中出现的各种宽裕、过剩和浪费。此时质量下降或价格上升不在于教育服务合同执行的问题，而在于能否对教育服务合同进行合乎目的的执行。

在公共教育服务公私合作的实践中，在教育服务消费者利益方面的成功与失败的案例都是不胜枚举的。相对看来，反面案例更容易引起关注和轰动。尽管案例研究印记鲜明，其结果几乎必然是非一般性的。目前在竞争性招标带来政府成本节约上存在广泛共识，但是在教育服务公私合作的服务质量效果上却缺乏共识。当前系统规范的比较研究仍然不足。有研究表明，服务外包对于服务质量的影响而言，所有获得的有关服务质量的信息表明，在质量上面没有显著变化。如果考虑到一般可见的成本下降，可以认为服务外包在维持服务质量的同时也取得了经济效益。但是这个经济效益通常没有转化为服务价格的下降，也很少有证据表明成本下降带来的福利被传递给市民或者消费者。教育服务作为社会服务的一种，其外包情况也与此类似。在我国，由于教育服务外包效果的相关研究较少，笔者只能用大范围的社会服务外包的研究结果来推测。

二、教育服务消费者权益损失的特征

教育服务公私合作带来的教育服务质量下降和价格上升造成的社会成本，与腐败带来的社会成本相比较，具有相对集中和相对直接的特点。教育服务消费者可以较为直接地感受到教育服务公私合作后的教育服务质量和价格的变化带来的福利损失，同时一些公共教育服务的消费者集中在某个特定的行政或服务区域内，在地理空间上接近，存在共同或类似的社区生活。这样，教育服务消费者的权益损失能够在较短的时段内得到集体评价、公意形成甚至集体行动。各国在公私合作尤其是教育服务公私合作过程中都出现了受到或可能受到影响的教育服务消费者以各种形式抵制公私合作的情况。但是在通常情况下，该类社会成本仍然是较为分散的。当涨价是渐进的、分阶段的，而教育服务质量降低也是以微调的方式进行的，那么对于单个教育服务消费者将不会构成显著的影响。当受影响群体的一定比例成员参加有效的抵制行动，个人的行动净收益为负值时，教育服务消费者的理性判断使公私合作下公共教育服务发生的边际恶化不至于导致教育服务消费者的集体回应。规模庞大但是组织涣散的教育服务消费者群体与规模虽小但是组织紧凑的教育服务生产者群体比，缺乏政治的影响力和直接的集体行动能力。此外，法律制度环境可能也不利于教育服务消费者的权益保护。例如，当教育服务消费者必须通过法律途径来解决问题时，法律诉讼成为资源、经验和能力极不对称的个体与组织之间的竞赛。

另外，教育服务消费者在很多教育服务中的选择是唯一的，或者说是缺乏可选择性的，很多公共教育服务缺乏退出机制。只有公民在公共教育服务上的选择自由是严重缺乏的，甚至严重影响到其生存和发展状况时，此时教育服务消费者被迫"发出声音"，采取集体行动，可能就不可避免了。

三、教育服务消费者利益的保护

政府对于教育服务公私合作过程中的教育服务消费者利益的保护主要从三个方面进行。首先，从政府教育服务公私合作的政策制定上，尽量避免将降低教育服务质量作为主要的教育政策目标，更要避免在短期内大幅度、硬性的和在基本公共教育服务上的消减。政府在进行教育服务公私合作政策制定时，有必要事先分析公共教育服务的高需求人群——中低收入人群——在教育服务公私合作条件下的权益变化。

其次，政府要加强在教育服务公私合作过程中政府组织与教育服务合作者的社会责任建设。政府组织并不能天然地、清楚地认知和认同其社会责任，而是需要通过学习和接受培训等方式使得政府组织及其官员清楚地了解其在教育服务公私合作过程中涉及的社会责任方面。对于教育服务合作者而言，政府可以通过采取激励和监督措施，促使教育服务合作者自觉承担必要的社会责任。

再次，政府需要在教育服务公私合作的决策和管理中提供相关消费者的参与渠道。以社区会议为例，消费者代表恳谈会，对教育协会的咨询、听证等直接民主方式实现的公民决策参与，有助于将教育服务消费者的价值、偏好和意愿吸纳到教育服务公私合作决策过程中，减少决策的外生特征，增加教育服务公私合作决策的社会认同。同时由于教育服务公私合作中各种治理工具的复杂性，政府开辟各种教育服务消费者监督、反馈和投诉的渠道，有助于形成立体监督和制约教育服务生产商的局面。这些参与渠道除了对教育服务的质量控制具有一定程度的实际效果外，也是对教育服务消费者的程序性权利的落实。

总之，不同类型社会成本之间的关系不是完全独立的。教育服务公私合作的社会负效应的受害人在特定情况下存在协同的可能性。当教育服务公私合作中的腐败是造成消费者权益利益损害的原因，即当腐败与权利问题纠缠在一起时，可以为后者带来更大的集体行动能量。而维护消费者权益的运动也可能因为教育服务公私合作中存在的腐败而获得更多的社会同情和支持。（如表5-1所示）

表 5-1　教育服务公私合作社会成本的类型和特征

	教育服务合作中的腐败	教育服务合作中的消费者权益损失
成本的分散程度	高	中
分布的结构特征	因腐败的种类有别，倾向于均匀分布在公民中	集中在公共教育服务的直接需求人群
成本的可感受性和严重程度	相对间接、很小	比较直接、较明显
集体行动的能力	弱	较强
集体行动的形式	群体运动	教育服务消费者权益运动、集体诉讼

　　资料参考源：敬乂嘉：《中国公共服务外部购买的实证分析——一个治理转型的角度》，《管理世界》2007 年第 2 期。

第六章　教育服务公私合作中的合法化

　　合法化是对国家合法性的管理，以保障国家公共权力顺利运行的秩序。教育服务公私合作的合法化涉及公共教育权的合法性和基本运作方式，与上一章的社会平衡维护公民权利、化解负面社会集体行动的意图不同。教育服务的公私合作作为一种新型的教育服务提供模式，并不应该从本质上影响或放弃在公共教育服务上附带的民主与法治的制度价值。合法化是确保在教育服务合作的条件下，公共教育权的基本政治和法律价值得以维护，避免公私合作可能带来的对于国家合法性和公共教育权力合法性的挑战。

　　作为对公共教育权力秩序的管理，即使避开公私合作不论，政府在教育行政领域对公共教育权力的授予和委托、权力运行的规范以及对于权力行使导致的后果的承担，都存在重要的管理需要。在现代国家的发展过程中，行政权力秩序的规范都是各国行政制度建构中的重要内容，以确保在"行政国家"形成的大背景下，对于行政权力行使的有效约束。在公共教育的管理领域中，对教育行政权力规范的主要目的，是确保教育行政权力始终处于立法机关和公众的监督和控制之下、教育行政权力授予和行使的合法性、教育行政权力运行中对于公共价值的遵循和保护，以及不恰当运用教育行政权力时的公共责任等。在现代政治制度下教育行政权力滥用和误用的忧虑，导致对于政府教育主管部门行为的严格约束。相对于"法无规定即合法"的非公共部门行为准则而言，政府的行为往往是"法无规定即非法"。① 在这种严格的公法束缚和清晰的行为逻辑下，教育行政权力以一种封闭和排他的方式为教育行政组织所专有，教育行政系统的现代权威性，也即公共性权威，得以树立。

教育服务公私合作对于现代行政秩序的基本挑战在于公私合作会导致公私部门的权力分享。教育服务的公私合作可能产生的结果就是公私部门对公共教育权力的分享。公共教育服务是以国家公共教育权力和责任为基础，存在管理、法律和政治三重基本价值的并重。基于实用需要的教育服务公私合作主要突出了新公共管理运动所倡导的价值，即对于有效性、效率性和经济性的重视，而忽视甚至是侵蚀了公共教育服务供给中的政治和法律价值。在教育服务公私合作过程中，非公共主体常常分享了公共教育权力，形成对于传统官僚制下高度集中的政府教育行政权能和问责体系的解构。

本章探索在教育服务合作条件下合法化的问题、内容和对策。第一节分析教育服务公私合作条件下的公共教育权力分享，第二节分析公共教育权力分享对政府合法性的挑战，第三节分析政府的管理对策。

第一节　教育服务公私合作中的权力分享

一、教育的国家化与公共教育权力垄断

人类教育史是一部教育权力纷争史。人类教育发展经历了从"私

---

① 这最多是一种理想的状态。实际上法律总是不完全的，政府的政策和管理活动存在大量的自由裁量行为，只能依据法律原则对其合法性进行判断。

学"逐渐走向"公学"的历程，与之伴随的教育权力也从"自治性质和私人性质"走向了"公权性质"。近代以来，随着科学技术革命的兴起，社会生产得到了迅猛提升，人类社会的文明程度日益提高，教育对于国家发展的强大作用越来越凸显，教育逐渐成为国家发展的一项重要事业，提供公共教育服务被看作是国家的一项重要公共职责，国家拥有公共教育权成为必然。

在强调政治、经济和社会体制集权的国家中，公共教育系统的运行机制和管理模式与国家体制相适应。在公共教育的官僚科层体制下，公共教育权完全集中到政府手中。政府垄断了教育领域的一切事务，排斥竞争，排斥市场和其他社会组织参与教育服务提供。尽管世界各国的制度背景、发展阶段和发展水平存在很大差异，但是不论是集权制国家还是分权制国家，国家在教育领域占有霸主地位，教育的国家化和公共教育权力的政府垄断却是世界各国的共同现象和共享模式。"在这个充满矛盾和变迁的时代，'教育的政治'被一些基本法则驱动着。强势群体力图建立各种民主制度和机构来控制公立学校。"①

二、公共教育权力的转移和分化

近年来，世界各国政府全面深入地开展公共教育领域的改革，改革的共同取向是逐步分解集权化的教育管理机构，由一种分权体制取而代之。②中国教育领域的综合改革迎合了国际社会的这种改革潮流，不断推进教育领域的分权化改革，以期实现中国教育治理体系及治理能力的

---

① ［美］约翰·E. 丘伯等：《政治、市场和学校》，教育科学出版社 2003 年版，第 32—33 页。

② ［英］杰夫·惠迪等：《教育中的放权与择校：学校、政府和市场》，教育科学出版社 2003 年版，第 3 页。

现代化。

公共教育权力的转移与分化也即教育分权，可从教育分权的授权主体和受权主体对其作出分析。公共教育权力包括国家教育权、社会教育权和学校自治权。公共教育分权实质上是解决政府在教育领域的"错位"、"越位"和"缺位"问题，实现公共教育权力在政府、市场、社会之间的合理配置，建立权力边界清晰、权责匹配、相互制衡的公共教育权力机制。从本质上看，公共教育权力的转移与分化，其实是政治领域的权力转移与分化在教育领域的充分体现。公共教育权力的转移与分化是公共教育管理者为了化解自身合法性危机和外部环境的压力，将过于集中的公共教育权力在不同权力主体——政府、市场、社会和学校之间分化、转移与重组，进而形成政府依法问责、市场有限进入和学校自我管理的新范式的过程。[①]

三、教育服务公私合作中的权力分享

教育服务公私合作下的权力分享是双向的，不仅存在非政府部门对于公共教育权力的分享，同时存在政府部门对原来非管辖领域的介入。这里只讨论前者，公私合作对公共教育权力构成"威胁"、挑战政府作为唯一公共教育权力拥有者的方面。

（一）"输出"公共教育权力的形态

教育服务合作者对于公共教育权力的分享是公私合作中的必然现象。首先，合作者可以通过合作而取得界定清楚的公共教育权力。这种现象易于理解，因为公共教育服务本身是以国家的权力为依托而对利益

[①]　刘淑华：《教育分权内涵再探》，《高等教育研究》2018 年第 11 期。

和价值的再分配过程，当非政府部门承担了公共教育服务时，也就实际享有了对公共教育服务依法进行配置和递送的权力。例如，当一些非营利性组织获得了教育服务合同后，它就可以按照自身情况采取适合的方式对教育服务消费者提供合同要求的教育服务内容、数量、质量等。

另外公私合作中还存在对界定不清楚的公共教育权力的分享。公共教育权力并非总是以明确方式加以规定的。界定公共教育服务的法律和政策总是不完全的，不可能对任何细节作出详细明确的规定。当法律和政策不能涵盖一些具体的细节时，提供教育服务的行政机关需要依据公共行政的基本原则、教育服务供给目标和具体面临的情况，以一种"自由心证"的方式，作出对应然行政方式的选择。因此，公共教育服务的提供过程是对教育相关政策的理解、应用和评估的过程，在多个环节和领域都包含教育服务提供者对于服务内容、方式、程度、成本和服务对象资格的判断。这些判断和相应的决策缺乏中缺乏明确界定的部分，构成了公共行政过程中的自由裁量，直接对于公共教育服务消费者的利益形成实质性影响，是行政权力的组成部分。由于这些权力是在教育服务的实际操作过程中行使的，因此与教育服务提供本身无法分割。在公私合作条件下，非政府部门合作者获得界定明确的公共教育权力的同时，也获取了这些界定不明确的权力。

（二）"输出"公共教育权力的形式

法定授权：即以法律、政策和规定的方式，赋予非政府的组织或人员履行相关公共事务的资格，继而这些主题可以在相关权力范围内与政府签订教育服务合同。

合同授权：表示为个别授权，即签订教育合同的政府组织为教育服务合同承包人进行授权。政府组织在法律允许的范围内，对其合作者进行行政授权，这种授权可以是直接指明的，也可以是暗含在教育服务合同条款中的。例如，当社会组织性质的贫困家庭优秀学生助课外辅导中心和政府签订协议时，前者通常在教育服务合同内取得了政府对其进行相关调查和采取措施的授权。

默示授权：权力授予可以基于在合作关系缔结后默示行为，即政府的合作者为了达到合作目标，公开地或者以政府必然知晓的方式行使某些未加以正式授权或者指定的公共教育权力，并且未得到政府的任何正式或非正式的反对。有些权力可能是实现合作目的所必需的，也可能存在创新或者滥用的成分。教育服务合作事务越是复杂，则默示授权的范围越大；在这个过程中政府可能是被动地甚至是不情愿地分享权力。与对不明确的公共教育权力的分享相对应，默示授权在不同程度上存在几乎所有的公私合作过程中，是权力分享中争议的主要来源。

（三）"输出"公共教育权力的内容

教育服务公私合作中涉及的权力分享，在地方政府之间、地方政府与中央政府之间都存在差异。从全世界范围看，权力分享的内容存在逐步扩大的趋势，体现出一个渐进和适应的过程。

第一，教育服务合作的范围从经济和社会领域逐步进入到政治领域。在涉及重大专项教育投入、重大教育建设项目、教育收费调整、招生考试等重大教育公共政策的制定过程中，越来越多的营利性或非营利性组织参与进来，形成对于政府部门的支持、配合与监督。

第二，权力分享的层次从执行权逐步走向决策权。首先，教育服务合作范围逐步扩大了，高层级政府所授予或联合行使的权力，很多是决策权；其次，合作程度加深，不仅仅局限在对决策的事务的执行，而且将合作者吸收到决策的过程中，尤其是当决策高度专业化使得政府部门必须依赖合作者的专业知识时；最后，在结果导向的驱使下，政府倾向于利用合作者享有的灵活性和较少的程序约束，往往以默契方式将一些权力让渡。

第三，权力分享开始从边缘性、服务性、咨询性领域进入到核心的、管制性和强制性的领域。从提供和整理信息到处理信息和提出建议，从提供咨询到设定标准，从设定标准到实施规制，从一般性教育服务到各种强制性教育服务，合作者分享了许多公共教育部门的专属权力。

公共教育权力分享范围的扩大，本身反映出现代社会的迅速发展对于公共教育权力的属性和边界的挑战，给公共教育权力规范带来新的困境。

第二节　公共教育权力分享对政府合法性的挑战

政府合法性是维持政府有效运行的基础。在现代竞争性政治体制中，合法性缺失会直接导致政治与法律上的挑战。在选举民主和国家福利化的发展趋势下，公民权利的实现更多地与公共服务的提供联系在一起，在公共服务提供过程中涉及的合法性问题受到越来越多的关注。本章关注的主要是教育服务公私合作过程中涉及的合法性问题。

一、不当公共教育权力授予

在实际的教育服务合作过程中，哪些公共教育权力是可以授予的，哪些公共教育权力实际被授予了，公共教育权力授予的方式是否合适，被授予者的实际行动范围是否存在越界，都不是能够轻易得到清晰界定的。受到多重压力驱使的政府在短期利益支配下，可能忽视对于公共教育权力授予及其运作的必要管理，导致不当公共教育权力授予，包括以下情况。

将不可分享的公共教育权力分享。例如将应当由政府垄断的公共教育权力授予非政府部门的教育服务合作者。

将公共教育决策权力分享。将政府部门的公共教育核心权力授予非政府部门的教育服务合作者。

将公共教育权力与缺乏资质的教育服务合作者分享。教育服务合作者的资质指具备的各项素质、能力和资源。当政府与资质较差的教育服务合作者分享公共教育权力时，只是用外部教育服务合作者的无能力代替了自身的无能力。

将公共教育权力与存在利益冲突的教育服务合作者分享。公共教育权力的行使在理论上是非人格的，即官员和官僚代表国家而不存在自身的利益，国家采取各种方式避免他们出现利益冲突的情形。这种原则也需要在一定程度上延续到教育服务的公私合作中去，避免合作者的行为直接对其自身利益或关联利益带来影响。当这种不利情况出现时，将无限增大有效监督合作者的成本。

放弃对教育服务合作者权力行使的监督和控制。公共教育权力的行使始终和权力监督与控制相伴而行，但是在教育服务公私合作情况下，原有的公共教育权力监控模式与私人部门的运行并不配套，其干预可能是缓慢和笨拙的。这里面存在一个需要通过精细平衡来克服的悖论，即教育服务公私合作的某些初衷是要减少附着在公共教育权力上的过多的程序控制，然而缺乏监督和控制的公共教育权力，必然缺乏向外部授予的合理性。

二、公共教育服务基本价值的损害

公共性是政府合法性存在的基础，是政府及其活动必须坚守的根本价值标准。政府的公共性是指"政府作为人民权力的委托者和委托权力的执行者，应按照社会的共同利益和人民的意志，从保证公民利益的基本点出发，制定与执行公正政策。"[①]公共性使公共教育服务与其他形式的服务之间存在显著差异。公共教育服务通常要求服务的非营利性、平等性、公平性、充足性和连续性，强调公民基本的受教育权利，而只在一定程度上考虑教育服务消费者的支付能力。在教育服务公私合作下，作为教育服务合作者的私人企业、非营利性组织不可避免会试图对公共教育服务的价值链进行市场化的改造——这常常是吸引外部教育服务合作者参与的基础——但这可能更带来挑肥拣瘦的选择性策略，损害公共教育服务的公共性。

此外，直接的政府教育服务供给模式存在一些对教育服务的保障机制。但是当教育服务外包后，这些机制可能就失去效用了。另外在公共教育服务中的隐私保护、程序法定、公开透明等要求，在公私合作的情况下也可能被削弱和限制。

三、政府空心化和高度外部依赖

空心化的提法最早是指发达国家在产业升级换代过程中，其制造业向发展中国家转移，物质生产部门萎缩的现象。教育服务合作提供具有类似的特征，即政府将原来由自己直接生产和提供的教育服务，通过与非政府部门签订合同等合作方式，交由私人部门而非公共部门来直接进行生产和递送。如果这种合作方式长期发展下去，可能导致政府对外部教育服务合作者的依赖性。当这种依赖发展到高度水平时，被称为政府的空心化。政府可以采取一定措施，避免完全的对外

---

① 孙柏瑛：《公共性：政府财政活动的价值基础》，《中国行政管理》2001年第1期。

依赖，例如通过管理竞争，保留部分教育服务的提供能力。但是在行政改革、组织重组、技术革新、规模效应等多种因素的影响下，有竞争的管理未必是可以实施的。在教育服务供给不完善的情况下，例如教育服务生产者数目有限或者合作关系一旦建立就难以替换，空心化给政府实现公共教育目的带来一系列障碍，包括：空心化形成市场对于政府的不对称权力、导致政府的教育管理能力流失、使政府难以迅速有效地实施其政策意图。

总之，对市场和社会的过度依赖会导致政府的空心化、公共权威的能级下降，以及缺乏约束的权力外部行使。在合法性判断上出现的重大政治转向，会造成国家对市场和社会的态度和政策的变化。

四、教育服务公私合作中问责性的模糊与丢失

在现代民主政治条件下，问责性是与治理权威的合法性的内在相连，体现了在权力授予之外，对于权力行使过程及其效果的正当性要求。通过对官员或者政府机构的行为及其后果问责，基于问责的制度，一方面对官员的自由裁量权有所限制，促其尽最大努力谨慎小心地实现其职权所服务的公共目的，同时避免公共权威被不合法行为所滥用。作为对政府官员或机构的行为的监督、衡量和评价，尤其是对于不作为或不正当行使权力的惩罚，问责制要求权力本身得到清晰的界定。在现代政府治理条件下，基于公法的规定而有比较清晰的权力界定和归属，问责制度有了长期发展，形式稳固并且执行成本较低。作为公权力和私权力交接处和混合体的公私合作带来公法和私法的管辖范围和方式的冲突，在权力分享下公共部门和非公共部门可能同时面临问责性缺失的问题，而政府的公共权威与合法性也因此可能受到挑战。

一些学者试图发现一些标准，来判断一个与政府存在合作关系的非

国家行动者的行为，是应该视为国家行为还是私人行为。这种划分背后的逻辑很清楚即国家行动应该原则上置于公法的约束之下，国家需要为其兜底。当非国家行动者的行为被视为国家行为时，则一些国家的特权，例如豁免权和征用权，都可以为其运用。当公法被违反或者公民利益受损时，国家将会负责并承担非豁免范围的责任。反之，即使这些行为涉及一些来自公共部门的授权，则并非以清晰无误之方式笼罩在"国家法律色彩之下"，则国家不是责任承担主体，行为实施者需要以民事主体身份对引起的争议负责。

这种原则在表面上是清晰和合理的，但是在应用到教育服务合作提供实践时，会因为很多因素的干扰而难以实施。政府部门可能在合作关系中逃避责任，减少对公民的保护，或者失去了对于委托出去的公共教育权力的有效控制。同时非国家行动者可能以利己的或者有违公正适当的方式要求政府的豁免权。出现这些情况的潜在可能性是很大的。

首先，存在很大的技术困难去界定什么是国家行动。缺乏像DNA测试这样的精确手段。Gilmour等提出三种确定非国家行动者是否是国家代理人的方法，但是在适用上都存在较大的模糊空间。第一种方法是较少使用的"公共职能"测试，即看非国家行动者是否合法地实施了那些传统上或者本质上属于国家的职能。但是对于公共职能的界定本身不是完全清晰的，并且还是一个存在动态变化的概念。第二种方法称作"国家行动者"测试，即调查是否有国家雇员进入到相关活动中。但是即使国家雇员的行为也并非刻意一律视为国家行为，其参与也可能不是该活动过程的主要方面。第三种方法称作"国家行动"测试，即观察政府对于非国家行动者的有关行为是否采取了认可的态度。在这个标准下，政府的不作为即被视为有效的国家认可或默许，尤其是当非国家行动者采取了一些明显的歧视性措施时。但是在判断政府是否存在不作为上有很大难度，政府可能没有获得信息，不了解情况，或者没有来得及作出反应。因此，这种测试方式本身就存在让人质疑的缺陷，很难被运用到教育服务合作提供的实践中来。

其次，政府机构选择教育服务合作提供的目的本身也可能构成问题的根源。受公法规制的政府部门通常强调程序法定，以大量的制度性约束最大限度体现公共教育治理所必须体现的权利与正义的价值，但是对于程序性和实体性价值的衡量要求往往超出了政府在实践中发展出来的管理艺术和科学。缺乏灵活性的程序易于挫败公共管理者的企业家精神，形成束缚其完成使命的障碍，同时也可能导致组织目标的置换，使组织从完成使命走向适应规则和规避风险，甚至寻求组织的不当利益。合作过程中引入那些不直接受到公法约束的外部组织来行使政府职能，其本来目的之一是要借此来做一些政府不能做或不方便做的事情。如果政府合同商实施的行为被视为国家行动，并且受制于公共部门的相同要求，则这些政府机构所试图获得的便利，也就不复存在了。

在实际操作中，当政府推行教育服务的公私合作时，常将其责任也一定程度上顺带"输出"了。在教育服务公私合作中，一方面，由于第三方的加入，原来的政府行政问责可能转化为教育服务合作者的问责；另一方面，政府被问责的内容逐渐被转化为教育服务合同管理的问题，而不再是具体的教育服务生产过程。

在问责上最严重的潜在问题是政府的合法性可能受到挑战。Moe 指出，经济理论并不能替代公法，而公民也不能被单纯视为消费者。反之，公法强调平等、公平、参与、透明、程序法定和公共产品供给，这些正是强调教育服务消费者需求差异的教育市场所失效的地方。在当前教育服务公私合作的情况下，存在几种主要的对于政府合法性与教育服务公私合作的关系的看法。

第一种观点可以被称为"公共行政理论原教旨主义观"，该观点高度强调在经典政治学理论中定义国家属性。社会契约理论以及马克斯·韦伯对于合法——合理性权威下的官僚制的看法，都高度强调了主权者对于公共职能尤其强制性职能的必要垄断。在高度制度化的现代政治社会，对于公法价值的谨慎遵从也是避免风险和获得权力的重要生存策略。该观点并非一味反对公共职能的外部参与，而强调合作的领域应该局限在不重要的和非强制性的领域。Johnson 和 Watson 则进一步认为，对于公共服务的合作提供，一个必要的条件是公共部门和非公共部门的目标对齐，公共部门对公共服务的提供仍负有无可推卸的最终责任。同理，要求教育服务合作提供必须促使政府组织和非政府组织保持相同一致的教育服务目标，政府积极能动地对整个教育服务合作实施有效的监督和控制，确保对公共教育服务责任的最终承担。因此在合作过程中，必须建立对应的信息反馈机制和纠错机制，确保公共责任的维系。在现实中，公共行政理论原教旨主义观被严重地违反了，尤其在以英美为代表的盎格鲁－撒克逊传统的国家，公共教育部门所面临的实际问题在不断降低公法和相关制度的底线。

第二种观点代表了另一个极端，即忽视公共和非公共部门之间的根本差异。在这种观点下，公私合作的基本决定原则在于谁更能高效地、有效地和经济地完成任务。这种将公私部门之间的差异视为程度区别的观点，由 Bozeman 进行了理论探索，他认为，"一些组织是政府的，但是所有组织都是公共的"。这种观点的核心是将公共性作为"组织为政治权威所影响的程度"，而非政府组织专属的性质。公共性被解析为组织从外部行动者那里获得合法性和资源的基本策略，因此是一种普遍性的组织需要而不仅仅是基于公法的政治权威。在这种观点下，公共教育权力分享很难说有什么一定的限制，合作也是一种天然的需要。

第三种观点是对前两种观点的折中，强调在公私合作中的程序法定。它并不否认合作的可能性和必然性，但是要求合作符合公法的规范和要求。正因为如此，授权不是无限的或者缺乏法律约束的。公共权威和问责性制度需要以匹配的方式同时授予合同商。据此，公共教育管理部门所受规范的一部分，需要传递到授权委托行使教育公共权力的非公共部门。上述的这种观点被 Freeman 等学者发挥，试图通过"公共化"来探索在公私制度之间实现调和的可能性与实际发展。"公共化"被定义为向非公共主体延伸公法原则的过程。一些学者已经注意到了公共教育服务合作提供的结果，并不总是公共教育管理部门的退缩，反之，合作可能导致新的政府管制和更多的政府支出。实际的效果是在扩大政府的影子的同时，创造了政府缩小的假象。这个观点下教育服务公私合作对于公共价值和国家合法性既是威胁也是机会。这种观点要求把公共教育权力的分享置于公法的效力可以延伸到的领域。但是很显然，即使在国家内部，权威的授予与约束的施加不可能是平衡的，公私合作过程涉及的情况更加复杂。合同商不可能也不应该转化为公共教育机构，否则这实际成为一个国有化的过程。如果在实际操作中对涉及国家责任进行分解与维持，是该观点面临的现实挑战。

西方对于问责性问题的辩论主要停留在法律和理论的层面上，其实际的政治影响还不明显。这一方面因为目前公私合作的发展程度还不足以动摇传统公共行政的秩序，另一方面因为很难获得一个经验的整体测量，以反映在多大程度上政府责任被不当"输出"或者卸载掉了。问责性存在于各种程序性的要求中以及人们的观念里，缺乏直接将其量化的客观方式。相应地，由此导致的问题也主要存在于政治和法律的争辩中而缺乏判断标准。在实际合作中的大量情况是对于新教育服务的提供，此时当私人部门被引入来满足这些新的教育服务需求时，很难说公共问责性出现了损失——从根本上看，公共教育服务的范围增大了。

第三节　教育服务公私合作中合法性问题的管理对策

　　法律判断中常常要求确定性和唯一性，给合法性管理带来很大的困境。现实中造成教育服务公私合作的合法性缺陷的因素是多方面的，但是导致的合法性判断却可能是单一指向的，即应不应该保持和发展教育服务中的政府与非政府部门行动者之间的合作关系，同时这种合法性归咎也是容易从单个政府组织的行为上溯到基本的教育服务领域中的公私合作政策。但也正因此，教育服务合作提供的合法性又非可以简单否定的，因为这种合作关系反映了现代权力秩序的发展趋势，是在复杂社会条件下实现"治理"的根本机制。它体现了政治秩序的变轨及其合法性的渐进改造。相应地，对教育服务公私合作的合法性判断从根本上是一个政治而非法律问题。这反映在教育服务公私合作过程中政治与法律部门的角色上。政治家通过政治过程获得对于教育服务合作递送的政治支持后，政府官员具体依据所在的经济社会环境、实际需要以及政府对外部过程和结果的控制能力，实施教育服务合作行为。对教育服务公私合作的必要性、可行性和政治法律风险的判断，主要是政治和行政部门的事。法院的介入通常是对于教育服务合同纠纷或行政诉讼的特定裁判，而不涉及对教育服务合同或其标的物的种类的合法性裁判。对外授权的程度和范围，由政治与行政部门考量和掌握。

　　教育服务公私合作的合法化是政府一般合法性管理的延伸，其管理需要和手段取决于一般合法性管理的形态，而这在具有不同政治经济和文化条件的国家，是有相当差异的。对于政府来说，在教育服务公私合作席卷全世界的今天，公私合作本身已经成为政府构建起合法性的符号和改革方向，因此合法性管理并非完全是对于消极后果的预防和消除，它同时也是对于积极效果的诠释和宣示。有关教育服务公私合作的积极效应在书写作过程中有较多涉及。本章主要从公共教育权力分享的角度探讨相关的风险控制管理，以便获得对于合法性管理的平衡的理解和对待。从长远看，教育服务公私合作的初期所带来的革命性的正当性效应，必然逐渐回落；实际问题会逐渐出现和引起注意，此时常态化的管理需要得到足够的重视。

教育服务公私合作中的合法化需要政府实施整体的管理方案。这既包括对于公共教育权力合法性观念的塑造，也包括在具体时间中的风险规避。解决教育服务合作对于合法性秩序的冲击需要经过长期实践，在实践中寻找到化解合法性危机的制度安排。

一、推动建立新型教育服务合作秩序

政府应该在教育政策层面上着力培养以结果为取向的教育服务合作秩序。应明确教育服务合作不能损害教育服务的基本公共价值，以共同创造价值为目标，尽量清楚地界定公共教育权的授权范围和内容，在确立教育服务生产者平等地位的同时，依据教育服务合同建立必要的监督和控制机制。非政府部门教育服务合作者，尤其是营利性企业，需要树立社会责任的意识，自觉认同公共教育服务的目标并将其内化于相关业务的使命和运营中，作为获得利润的前提。教育服务接受者则将主要注意力转移到教育服务者的资格和能力上。这是一个社会认同和利益分享格局的双重培养过程，稳定和富有建设性的教育服务合作秩序既需要共同的价值观，也离不开规范利益的教育服务合作制度。

二、着力厘清教育服务责任归属的转化和分担

在教育服务公私合作的问责过程中，技术层面的问责方式要贴近事实、能够灵活实施。从应然角度或是法律视角看，教育服务公私合作中政府只是将公共教育服务的生产职能转移给教育服务合作者，教育服务的责任并未实现转移，仍然由政府承担。但是，事实上，在教育服务合同签订过程中，政府会要求合同方承诺会对教育服务提供的绩效担负经济责任。尽管当教育服务合同承包商最终无法履行其承诺时，政府仍需承担责任。但是这样的责任转化方式和风险分担方式，有助于保持问责性的总体平衡。

三、实施谨慎的过程控制

结果导向并不单纯排斥过程控制，有效的过程控制为实现预期结果提供了必要的保障和支持。政府在开展教育服务公私合作前，不仅需要认真研究政府直接和单独提供教育服务行动的情况下，公共教育权力运行所面临的约束和限制，而且也需要认真考察在教育服务公私合作后，实际的公共教育权力分享和责任分担，依据教育服务公私合作前后的对比结果来设计过程控制的方案。在这种情况下，才可能使对教育服务合作过程实施的控制真正起作用。在教育服务公私合作的过程控制中，要贯彻落实透明、公开、参与、法治等原则。在教育服务公私合作中渗透法治的精神，是预防合法性风险的主要途径。

四、宏观控制教育服务公私合作的发展过程

合法性问题的严重性与教育服务公私合作的宏观发展态势直接相

关。教育服务公私合作必然需要实现个别创新向普遍适用的转化过程，但是该过程的无序性会形成教育服务公私合作合法化的漏洞。迅速的和跳跃式的教育服务公私合作发展不仅会给社会公众的心理带来适应性障碍，而且也会造成制度接轨与配套方面的困难。因此，政府在对教育服务公私合作模式进一步推广时，一定要考虑教育服务合作领域的次序、对外部合作者的依赖性以及合作深化的速度，而且要对这些要素进行宏观的评估与控制。

第七章　中国政府购买教育服务的实证分析

当西方发达国家对"购买服务"的理论研究和实践探讨已经出现一定"审美疲劳"的时候，探讨中国政府购买教育服务的文献却寥寥无几。这种在实践与学术研究上的反差是巨大的。经过四十年的经济和行政改革，中国的公共服务提供模式已发生了根本性的变化，购买服务已经成为一个兼具政治合法性和现实重要性的途径。教育服务具有自身的内在属性和特点，对于中国教育服务的公私合作，理论和学术界都似乎不约而同地达成了一种默契与共识——审慎对待教育服务的公私合作。因此，中国教育服务领域的公私合作，相较于其他公共服务的公私合作，在理论和实践方面都稍微有些滞后。值得庆幸的是，随着20世纪90年代以来中国公共教育财政支出的快速增长以及城乡基本公共教育服务的均等化和一体化的大规模推进，中国政府购买教育服务已经成为推进中国教育领域综合改革和教育治理现代化的一种非常重要的制度安排。

中国政府购买教育服务方面理论文献的稀缺与发生着的现实的积极推进之间的明显脱节，凸显出学界对于中国教育领域的综合改革以及动态演进的治理状态，还缺乏进行深入观察和分析的基本理论框架。中国教育领域的综合改革并不是独立于其外部环境的，相反，它与外部环境的变革之间存在诸多的呼应关系和内部联系。对20世纪70年代以来的世界公共教育改革的理论和视角的分析，有助于发现中国教育领域综合改革的特点及其内在逻辑。

本章通过分析中国政府购买教育服务的实践，试图充实在理论文献上的稀缺状态。第一节主要梳理和总结了中国政府购买教育服务的必然性和现实性、中国政府购买教育服务的基本特征以及对中国政府购买教育服务的总体评价。在此基础上，第二节进一步以个案分析的形式，呈现中国政府购买教育服务的具体过程及其存在的问题和应对的策略。第三节分析中国政府购买教育服务的体制思考，由此揭示蕴含在教育服务公私合作过程中的政治逻辑与路径依赖。

第一节　中国政府购买教育服务的现状分析

尽管在中国出现了一些引人注目的政府购买教育服务案例，但目前仍然缺乏量化的数据来很好地理解政府购买教育服务在全局上的发展状态，尤其是政府购买教育服务的一般水平，或者政府整体上对于教育服务生产者的依赖程度。而这样的数据是非常重要的，它们对于理解教育公共治理的一般发展以及相应的改革需要，具有重要的指标意义。由于中国已经成为世界第二大经济体，同时幅员辽阔，各地区差异显著，这使得任何基于案例研究的总结都是存在普适性的缺陷的。这种问题并非中国所独有，政府购买教育服务的复杂性和分散性的特征使得这样宏观的统计数据在各国都不存在。因此，笔者对中国政府购买教育服务的相关考察，只能采用定性研究的方法获得结论。

一、中国政府购买教育服务的必然性和现实性

（一）中国政府购买教育服务的必然性

1. 环境动因：社会主义市场经济体制已经在逐步确立

中国共产党第十四次全国代表大会将建立社会主义市场经济体制确立为中国经济体制改革的目标。1993 年发布的《中国教育改革和发展纲要》明确提出教育体制的建立要能够适应社会主义市场经济体制、政治体制和科技体制。社会主义市场经济体制的逐步建立与完善必然为教育改革与发展带来深刻的影响。教育如何主动地适应并积极地超越社会主义市场经济对教育改革所提出的要求与挑战，建立起适应社会主义市场经济体制的、符合教育发展规律的教育体制，成为新世纪教育改革发展中需要不断研究与实践的问题。在此背景下，政府对教育的定位、政府承担教育职能的理念与方式也在悄然发生着变化。

2. 现实困境：政府提供教育服务低效低质，无法回应社会公众对优质、高效教育服务的强烈需求

在传统的政府垄断公共教育模式下，政府教育部门缺乏创新和竞争的激励，政府部门的行政效率低下，提供的公共教育服务数量和质量都非常有限，当前政府提供公共教育服务的质量和满意度都受到了社会公众的严重质疑。

当前我国各级政府无法回应社会公众对优质、高效教育服务日益强烈的需求。改革开放四十年来，人民群众的物质生活和精神生活水平日益提升，社会公众对优质、多元、高效教育服务的需求越来越强烈，家长们对名校趋之若鹜乃至名校门前的"摇号"甚至"静坐"等，都切实地反映了他们的教育需求。然而，我国政府对优质教育的供给能力有

限，很难满足广大社会公众的教育需求。

新形势下，在社会公众对教育的"数量"与"质量"需求的双重压力下，政府如何通过有效的教育管理制度创新来逐步扩大优质教育资源的总量？如何在有限的精力、财力和物力条件下，满足急剧增长的社会公众对优质教育服务的需求？这些问题成为困扰政府的众多难题之一。正是在此背景下，国内一些地区开始试行以政府购买教育服务的方式来满足社会公众的教育需求。

（二）中国政府购买教育服务的现实性

1. 组织基础：教育社会组织的兴起

近年来，我国教育社会组织蓬勃发展。作为社会组织重要组成部分的教育社会组织，主要分为民办非企业单位、社团和基金三大类，具体包括各种教育咨询服务机构、各种教育学会、教育协会、教育评估事务所、教育基金会以及代理机构等。教育社会组织既不属于政治领域，成为政府的附属品，也不属于经济领域，以营利为其本质特征。在现代社会，除了政府、市场可提供教育服务以外，教育社会组织在社会公共服务提供中发挥着越来越大的作用。在公共教育服务的提供方面，教育社会组织与政府之间存在巨大的共赢空间。教育社会组织可以发挥组织灵活、创新精神、志愿服务等作用，弥补政府垄断教育模式的弊端，实现最优化公共教育服务提供的效果。

2. 实践探索：各地进行了政府购买教育服务的实践探索

政府购买教育服务在我国还是新出现的事物，只在少数地区进行了一些试点，积累了一些经验。比如，湖南省郴州市教育行政部门向郴州市教育基金会购买服务教育系统奖优扶困事项；四川郫县教育局采用政府购买教育服务的方式，向成都树德联合学校（私立学校）购买学生的入学位置，既化解了当地教育学位不够的矛盾，又开辟了政府通过公共财政支持民办教育发展的新途径；再比如，上海市浦东新区依托"先行先试"的政策优势，开展了委托管理、购买学生的入学位置、购买评估等许多方面的实践。与国外政府购买教育服务的特征相同的是，国内这些案例的共同特征是在政府转变教育职能的大背景下，政府以全部或部分付费的方式向社会组织（社会团体、民办教育机构等）购买一定的教育服务。

虽然目前国内对政府购买教育服务的实践探索还不具有普遍性、大范围实施的特点，但湖南省郴州市、四川郫县等地区政府购买教育服务实践的相继出现，说明我国已经出现了适应其成长的土壤和催生其出现的需求。

二、中国政府购买教育服务的基本特征

政府购买教育服务正在成为我国教育领域综合改革的一种发展趋势和主流方向。《国家中长期教育改革和发展规划纲要（2010—2020年）》中明确提出："各地可从实际出发，开展公办学校联合办学、委托管理等试验，探索多种形式，提高办学水平。"政府购买教育服务的基本理念是将非政府部门的"第三方"引入教育治理结构中，将政府通过民主政治过程确定公共教育偏好和获取教育资源的优势与教育市场或者其他教育社会组织的优势相结合起来。政府购买教育服务通过建立政府与市场和社会的分工合作关系，实现三者的优势互补——这种分工理论构成了政府购买教育服务的基本依据。政府购买教育服务，是教育服务公私合作的一种主要形式，即政府通过与非政府部门签订合同等方式建立购买关系，由私人企业或社会组织来直接进行教育服务的生产和递

送。政府部门依据私人企业或社会组织所提供教育服务的数量和质量，以公共财政全部或部分地支付费用，政府主要是买者的角色。

（一）中国政府购买教育服务的选择

1. 中国政府购买教育服务的购买主体、购买客体和购买内容

政府购买教育服务主要是为了摒弃政府垄断教育模式的弊端，吸引外部教育资源，提高教育服务提供的效率和质量，满足社会公众对优质、多元、可选择的教育需求，进而推进政府的服务化。政府购买教育服务主要包括购买主体、购买客体和购买内容三个方面。购买教育服务的主体是政府。购买教育服务的客体包括私人企业和社会组织。例如，上海浦东新区政府委托成功教育管理咨询中心管理东沟中学的案例，受托方——成功教育管理咨询中心就是一个非营利性的社会组织。购买教育服务的内容包括各种形式的教育服务，具体为管理服务、课程服务、评估服务、培训服务等。

2. 中国政府购买教育服务的类型

表 7-1　教育服务购买的类型与案例

教育服务购买的类型	特征描述	案例
公校私营	政府与社会组织签约，委托其管理区域内的公立学校。委托学校的所有权不变，经费来源不变，办学所需经费仍由政府负担。政府提供办学的教育设施设备，社会组织向学校提供成套的教育服务	上海成功教育管理咨询中心管理东沟中学

教育服务购买的类型	特征描述	案例
购买"学位"	政府部门与社会组织签订契约，为"公共"学生购买入学位置	四川郫县教育局向成都树德联合学校（私立学校）、上海浦东新区向民办农民工学校购买农民工子女的入学位置等
提供管理、课程等单项或几项教育服务	政府与私人机构签订合同，由其提供诸如课程、管理、培训等单项或几项教育服务	国内某些专业组织受政府委托提供培训等教育服务

（二）中国政府购买教育服务的方式和模式

1. 基本购买方式为合同制和直接资助制

中国政府购买教育服务的最基本方式是合同制。政府与私人企业或非营利性社会组织签订购买合同要经过合同的形成、实施、终止或转换等环节。订立教育服务购买合同的目的是通过清晰、明确的合同条款，把政府与教育服务承包商两个不同组织的权利、义务和责任都确定下来，作为双方合作中的依据，并在出现争议时，作为判定责任的标准。教育服务购买合同的实施过程，就是合同双方的权利和责任得以体现的过程。教育服务购买合同作为政府与非政府部门组织间的合作纽带，完善的、明确的购买合同，是对政府购买教育服务的组织进行管理的基础，是政府教育服务能够顺利进行的保证。政府与非政府部门的组织签订购买合同可以采取招投标的方式，先公开招投标后与中标单位签订合同，比如，浦东新区教育内涵发展项目的购买教育服务；也可以采取定向招标或单一采源采纳，比如，浦东新区内的一些委托管理学校项目，基本是定向招标。

中国政府购买教育服务的一种方式是直接资助。直接资助就是政府通过财政补贴以及各种政策优惠等方式给予承担教育服务的机构以及个人资助。例如，补贴上门为残障儿童服务的教师，给予对社区开放体育设施的中小学一定的财政补贴，私立学校因接受每一位注册学员而接受政府资助。

2. 基本购买模式为非竞争性购买

总体而言，我国教育服务的政府购买模式在教育类的社会组织和政府之间的独立关系而言，正在从相互依赖走向相互独立；就购买程序所具有的竞争性而言，多数的购买模式都属于非竞争性购买，而能达到竞争性购买的只占少数。

随着我国政府购买教育服务的不断实践和探究，通过独立关系竞争性购买模式来购买教育服务已经逐渐成为一种发展趋势。比如，浦东新区政府 2009 年的"教育内涵发展项目"就采用了公开招投标的竞争性购买方式，但问题在于，在十个中标单位中，既有公办中小学，又有民办非企业单位，对于公办中小学而言与政府部门是一种教育行政的上下级关系，并不是真正意义上的购买教育服务；对于民办非企业单位而言，与政府部门应是一种相互独立的关系。但目前从浦东新区政府购买教育服务的实践来看，民办非企业单位的生存和发展还离不开政府这个"拐杖"。因此，浦东新区政府购买教育服务的购买模式基本上还属于从依赖关系走向独立关系，从非竞争性购买走向竞争性购买的发展过程中。

（三）中国政府购买教育服务的成效

1. 促进了政府教育职能转变

政府向社会组织购买教育服务的过程，可理解为政府和社会组织建立合作伙伴关系的过程。在各种形式的政府购买教育服务中，我国对承担教育职能的方式进行了重新调整与构建，其总体特征是：第一，在政府与学校的关系上，放松对学校的规制，给予学校自主办学的权力；第二，在政府与公民社会、市场的关系上，教育权力从政府向公民社会、市场领域分散与转移。

2. 提高了教育服务供给的质量和效率

将公民社会、市场领域中的具有专业资质的非政府部门引入我国教育领域中来，其政策初衷就是充分利用这些非政府部门的专业技术优势来提高教育服务供给的质量和效率。政府购买教育服务引入市场机制和社会机制，通过公开、公正的招投标形式，使政府在教育市场中寻找最优的"办"教育者和"评"教育者，而政府也能真正发挥好"管"教育者这一角色的作用。政府购买教育服务，引入了市场机制和社会机制，打破了政府长期的教育垄断模式，放开了教育服务价格的严密管制，改进教育服务的供给动力不足，降低了教育服务的供给成本，进而提高了教育服务的供给质量、效率和效益。

3. 促进了教育服务提供的多样化

与政府机构生产教育服务产品相比，社会组织具有一些独有的特征：政府部门受官僚体制的限制与影响，在长期的层级运作中，缺乏灵活性，教育服务产品的提供更多地体现出标准、单一的特点。而社会组织虽没有政府机构庞大复杂，但更显灵活性，更具个性化。我国向社会组织购买教育服务，使教育服务产品生产者更加多元化，使教育服务产品更加多样化，更好地满足了不同层次的社会公众的教育需求。

4. 扩大了教育资源的来源

无论是"公校私营"、购买学生的入学位置、还是购买单项或几项教育服务，这些形式的购买教育服务都有效地将公民社会、市场领域中的教育资源吸引到教育领域中来，有效缓解了我国政府公共教育支出的不足，促进了我国教育事业的发展。

三、对中国政府购买教育服务的总体评价

目前，西方发达国家已形成了比较成熟的政府购买教育服务运作模式和管理机制。国内外学者对政府购买教育服务的推广与实施，既有赞美，也不乏批评。当今国外政府购买教育服务实践过程中出现的问题以及经验和启示，为我国政府购买教育服务政策的实施提供有益借鉴和学习典范。目前，我国实施政府购买教育服务已具备了一定的可能性，但其有效运作还欠缺一定的条件和基础。

我国实施政府购买教育服务具有一定的可能性。首先，在宏观的社会发展大背景下，我国政府购买教育服务的实施具备一定的可能性。社会主义市场经济体制的建立为我国政府购买教育服务奠定了坚实的经济基础。政府教育职能的转变为购买教育服务的实施提供了政策环境的可能性。其次，教育实践中社会公众的多元多层次的教育需求与政府优质教育资源供给不足的矛盾为政府购买教育服务的实施提

供了实践的可能性和必要性。[①] 人民群众日益增长的和对多元的以及优质的教育资源需求与政府不能充分供给优质教育资源之间的矛盾已经成为目前我国教育发展的主要矛盾。政府作为教育服务的提供者，由于受到国家财力以及政府精力等多个因素的综合性影响，向社会公众提供的只能是最基本的、普惠性的教育服务。那么对于政府来说，通过何种途径来满足人民群众日益增长的多层次的、多元的以及个性化的教育需求应该成为政府思考的主要问题。因此，政府通过购买教育服务的方式，将自己无法有效、高效、有力提供的教育服务领域交由市场中的社会组织则成为有益的尝试。可以说，上海市浦东新区、四川郫县等区域对购买教育服务探索正是为了解决这一基本矛盾而使购买教育服务的先行先试应运而生。随着政府包办办学体制的逐渐打破以及教育的自由交易关系的出现，教育市场化所体现出来的公益性行为也正在逐渐得到社会和人们的认同，同时，民间资本也逐渐进入教育领域，所有这一切的变化都标志着我国教育市场化的开始。[②] 同时，近几年我国教育社会组织的发展比较迅速，为我国政府购买教育服务的实践提供了相应的组织准备。[③]

我国实施政府购买教育服务欠缺一定的基础和条件。虽然诸如市场经济的大背景、政府职能转变的大背景以及教育改革的大背景等我国社会发展的背景为政府购买教育服务提供了可能性，但同时我们也必须认识到，在我国推行政府购买教育服务的实践过程中，还欠缺与之相匹配的教育环境、法律政策环境和社会文化环境。虽然我们可以向西方发达

---

① 参见谈松华：《深化教育改革需要制度创新》，《中国教育学刊》2009 年第 1 期。

② 参见劳凯声：《教育市场的可能性及其限度》，《北京师范大学学报（社会科学版）》2005 年第 1 期。

③ 参见范国睿：《教育系统的变革与人的发展》，安徽教育出版社 2008 年版，第 143 页。

国家借鉴政府购买教育服务政策实施的经验，但我国要想有效实施政府购买教育服务政策必定是要建构并且成长于我国的经济文化背景之中的。想要顺利推行政府购买教育服务政策也必然要基于我国历史文化传统的制度设计以及法律保障。

在政府购买教育服务的推广和实施过程中，关键要处理好以下难题：第一，如何确立教育服务的有效价格估算机制。作为一种"软服务"，教育服务具有明显的非量化特性。我们无法对教育服务的质量，事先作出判断和评价，也很难运用量化的方法来衡量教育服务的优劣以及事先签订有关服务质量的详细合同。周期长、连续性和不确定性等这些教育服务的特性导致很难合理衡量教育市场交换的价值与价格。第二，对教育服务领域的招投标机制的适应性探讨，以及如何建构完善、合理的招投标机制，进而通过发挥市场机制的作用，让政府真正购买到物美价廉的教育服务的研究。第三，购买教育服务需要政府具有较高的合同管理能力，更需要有专业的素养和公共行政精神的官员。

任何一项具体的教育政策，其目的都是要解决特定的政策问题，并且还要能适应于一定的政策环境。我国政府试行购买教育服务，不仅具备一定的可能性而且还具备了一定的可行性，因为面对我国计划经济转向市场经济，基于政府教育职能转变下政府、学校和市场关系的重构这些大背景，其能够产生一定的适应性。值得一提的是，我国政府购买教育服务的实施进程应是"渐进式"的。因为政府购买教育服务要想得到有效实施不仅需要具备一定的政策环境和制度环境，更需要在不断总结和积累相关经验的基础上来完善相关的制度设计和政策设计。总之，利用市场机制，政府通过购买教育服务提高了政府供给教育服务的质量和效益，能够更好地满足社会公众多层次的和多元化的教育需求。在当代中国，试行和推广政府购买教育服务有可能会成为转变政府教育职能、重构政府和市场以及学校关系的一种发展趋势。

第二节　中国政府购买教育服务的实践考察：
以浦东新区为例

　　中国政府购买教育服务的实施还是近十年出现的新兴事物。本节将以上海市浦东新区为案例，对中国政府购买教育服务实践的背景、实施过程和成效问题等展开全景式描述、解释与分析。选取上海市浦东新区作为研究案例，基于以下几点原因：第一，浦东新区是"中国改革开放的窗口"，以短短二十年的时间实现从农村到城市的转变。浦东社会经济的迅速发展是我国经济腾飞的见证。浦东新区能集中反映我国改革开放所取得的巨大成就，同时也能反映在社会经济迅速发展过程中，教育事业所面临的巨大发展机遇，所出现的与社会经济发展不相适应的教育问题以及教育如何适应并超前于社会经济发展对教育所提出的挑战。分析浦东新区在经济迅速发展的背景下教育发展的机遇、问题、挑战与改革发展的问题，具有一定的代表性。第二，2005年国务院批准浦东新区综合配套改革先行先试。依托"先行先试"的政策优势，浦东新区率先进行了转变政府职能，探索"管、办、评"联动机制等改革。得天独厚的经济发展优势、政策优势，为浦东新区探索政府购买教育服务提供了基础和条件。第三，浦东新区在"先行先试"的政策优势下，率先进行了政府购买教育服务的试点和改革。其购买教育服务的类型和内容包括了购买管理、购买学生的入学位置、购买评估、购买其他服务等，对政府购买教育服务的探索走在了国内前列，可谓"麻雀虽小，五脏俱全"。因此，上海市浦东新区这个"细胞"具有一定的典型性和代表性，以它作为研究案例，可以观察到我国目前政府购买教育服务的基本态势，可以透过这个"细胞"来剖析我国政府购买教育服务的现状、问题，预测在其他地区的可能性和可行性。

对浦东新区政府购买教育服务现状与案例资料的搜集主要采用了以下两种方法：其一，文献研究法，搜集整理了近年来报纸、期刊、网络上有关浦东新区政府购买教育服务的相关报道与资料。其二，访谈法，笔者通过半结构性访谈，搜集了解关于政府购买教育服务的情况与问题。以下笔者将按照教育服务合作中政府管理的分析框架，对浦东新区的教育服务合作实践展开探讨，具体从教育服务购买中的合同管理、关系管理、社会平衡和合法化四个方面着重描述、解释与分析。

一、案例背景分析

伴随浦东新区经济的迅速发展，新区政府在教育领域面临三大压力：人们对优质基础教育需求的膨胀与政府无法满足的困境，基础教育的不均衡发展阻碍着浦东新区的二次创业和持续发展，既要满足来自农民工子女的义务教育入学的基本需求，又要满足海外留学人员等高端人士的多元化、个性化教育需求。这些问题是否能够解决成为考验浦东新区政府执政能力的重要指标，成为浦东新区社会经济发展能否持续稳健向前发展的内在动力。对这些问题的解决成为上海市浦东新区政府购买教育服务的直接动因之一。

2005年6月浦东新区政府购买教育服务开始试航。浦东新区政府将上海市东沟中学委托给民办教育管理机构"上海成功教育管理咨询中心"管理。通过近十年的发展，浦东新区一共支持并培育了26个教育中介结构，其服务范围已经延伸到教育管理服务、教育咨询服务以及教育评估服务等各个方面。从2005年开始到现在为止，浦东新区政府购买的教育管理服务项目已经达到 17 个，教育评估项目达到 100 多个。浦东新区政府购买教育服务的卖方主要有三类：第一类是如华东师范大学、上海师范大学、上海市实验学校的公办院校；第二类是如上海 C 教育管理咨询中心、上海福山教育文化传播与管理咨询中心、上海浦模教育发展服务中心等民办中介机构；第三类是如浦东新区学前教育协会、浦东新区教育学会、浦东新区成人教育协会等行业协会。然而，尽管浦东新区的政府购买教育服务实践已经开展了近十年，但作为一项教育改革实践的创新举措，政府购买教育服务中有关教育服务购买合同的管理、教育市场和公民社会的培育和发展的问题以及在教育服务购买过程中的各类风险防控等一系列政府管理领域的问题并未很好解决，需要后续研究人员继续对政府购买教育服务项目案例和实践进行全面、深入、系统的解读，以此获得有关政府购买教育服务的新思路和可行的操作模式。

二、案例内容分析：基于教育服务公私合作中地方政府管理的理论框架

（一）合同管理

促进基础教育的均衡发展，实现教育的公平是浦东新区政府购买教育服务政策实践的价值取向。浦东新区政府购买教育服务的范围已经覆盖了幼儿园、小学、初中和高中这四大基础教育学段，购买的具体内容为购买"学位"、购买学校管理、购买教育评估以及其他服务等，基本购买方式为合同制和直接资助制，基本购买模式为非竞争性购买。

表7-2　上海市浦东新区政府购买教育服务的内容

购买内容	案例
学校管理	浦东新区政府委托管理东沟中学、区内的民办幼儿园等
教育评估	向社会评估机构购买对民办学校的评估、对教育社会组织的评估等
学生的入学位置	向民办农民工学校购买农民工子女的入学位置
特殊人群的服务	政府通过购买服务的方式，对智障儿童实现送教上门
师资培训服务	委托万善正教育工作室为农民工子女学校组织教研联合师资培训
教育设施服务	浦东新区政府对学校体育场等相关设施向社区非营利性开放的各公办中小学给予补贴

表7-3　上海市浦东新区政府购买教育服务的基本方式

购买类型	购买方式	备注
购买学校管理服务	合同	与教育社会组织签订合同
购买教育评估服务	合同	与教育社会组织签订合同
购买师资培训服务	合同	与教育社会组织签订合同
购买项目研究等服务	合同	项目进行招投标，并与中标单位签订项目合同
购买"学位"	合同	对民办学校、民办幼儿园给予差额补贴、租赁校舍优惠
购买特殊人群的服务	直接资助	对送教上门的教师给予财政补贴
购买教育设施服务	直接资助	对向社区开放体育设施的公办中小学给予补贴

　　浦东新区政府购买的委托管理项目以及购买教育评估机构的培训服务、评估服务和项目研究服务等，都通过了合同的形式予以确定。但不同的是，部分项目（如浦东新区教育内涵发展项目的购买）采取了招、投标的方式，而另外一些项目（如新区内的一些委托管理学校项目）采取的是定向招标，还有些项目是未通过招标，通过非正式关系确定的。

一般情况下是浦东社发局发出"邀标"通知，根据"邀标"的要求来选择社会组织，获得邀请投标的社会组织，将会根据被委托学校的情况，以文本的形式把办学目标和方案呈现出来，并且交由第三方教育评估机构来评估其方案，如果评估通过，浦东社发局将会与该机构签订"委托管理"的协议（即合同）。在浦东新区政府购买教育服务合同中，教育社会组织和政府之间的关系，从独立性方面来看，正逐步从依赖关系走向独立关系；而从购买程序是否具有竞争性方面来看，购买教育服务的模式大都属于非竞争性的购买，实施了竞争性购买的项目只占少数。

（二）关系管理

1. 浦东新区政府购买教育服务的主体角色转变

（1）浦东新区政府购买教育服务主体角色的分离

在购买教育服务的过程中，浦东新区政府由原来的提供教育服务转变成了保障和监管教育服务，浦东新区政府的职能由于教育服务的生产和供给角色分离而被重新界定。首先，浦东新区政府逐渐从政治权威中脱离出来，基于共有的利益基础和市场原则，买卖双方用契约的方式来建立合作关系，因此，浦东新区政府的权威性不再依附于公共权力，浦东新区政府扮演起买方的角色并逐渐从政治角色中分离出来。教育社会组织和浦东新区政府在教育服务购买中是基于平等地位的契约双方。当然，教育社会组织作为政府购买教育服务的重要主体，要提高自主性，树立自身的权威性，并逐步改变服从和主动迎合政府的地位，充分行使自身的权力。最后，公众的回应性以及能否更好地满足公民的需要，决定着浦东新区政府购买教育服务成败与否的关键，浦东新区政府经过不断改革，逐渐从统治型政府转变为服务型政府，并把权力让渡于公众，但是在很多情况下，公众争取的权力并不能得到充分合理有效的运用，因此，公众需要转变被动的被统治的观念，逐渐成为政府购买教育服务过程中的治理主体。

（2）浦东新区政府购买教育服务主体角色的定位

浦东新区政府该如何清晰定位自身的角色，以及如何清晰定位教育社会组织的角色及公众的角色，成为教育市场与社会赋权的一个前提。第一，浦东新区政府自身角色定位与分配。因为其角色的定位将会直接对其他主体的角色定位产生影响，所以，浦东新区政府在对自身角色定位上应该始终立足于自身主体的利益，以此来尽可能地保持政府购买教育服务中各个主体利益的平衡。就政府购买教育服务的过程而言，浦东新区政府始终将自身的角色定位为宏观教育管理，具体而言，主要是通过营造教育服务良好的市场购买环境，构建政府购买教育服务的制度，并通过界定教育产权，为教育社会组织在购买教育服务领域能够提供更广大的空间，以此来保障实现"卖方"的主体利益。第二，对教育社会组织的角色定位与分配。浦东新区政府认为，社会组织能够而且有能力提供专业性教育服务。社会组织通过承接政府购买、委托的具体管理事务，包括管理、咨询指导、评估等各种类型，进而能够为社会或者学校提供专业性的教育服务。第三，对委托学校的角色定位与分配。浦东新区政府强调委托学校开展自主办学。通过有效运用各种资源，各类学校为社会提供各类教育服务。同时，各类学校要在办学过程中充分发挥法人主体地位作用，不断培养主动发展意识与能力，并严格要求自己，不断进行自我约束。值得注意的是，其中的公办基础教育学校主要依靠政府财政投入，来从事必需的纯公益性教育服务。

（3）浦东新区政府购买教育服务主体角色的分配

浦东新区政府在向教育社会组织购买教育服务的过程中，成功地实现了"管、办、评"的角色的分配与分离，即政府管理教育、举办教育和评价教育的分离与分配。政府购买教育服务，不仅实现了"管教育""办教育""评教育"的分离，而且还通过引入教育社会组织（第三方）来评价教育，无疑将更有利于解决教育实践问题，增加社会公众对政府提供教育服务的满意度。

浦东新区政府通过分配政府购买教育服务的主体角色，强化与各个主体之间的合作，不断增加各主体之间的信任，建立起了主体间相互依赖的合作关系。基于签订的合约，来明确主体责任，以及对政府购买教育服务的主体进行监管和绩效评估。在购买教育服务的过程中，浦东新区政府与社会组织是平等且明确的契约合作关系，政府确定各项教育服务项目的内容和标准，并承担监督和管理的主要责任，社会组织除了享有权利还需承担相应的义务。通过签订契约能有效地规范公共合同中合作主体双方的责任关系，尽量地减少随意性，并不断增强刚性约束。而浦东新区政府通过确立责任理念，使"结果管理"转变为"过程管理"。购买教育服务并不是意味着转移责任，供给教育服务的主要责任仍然由政府部门来承担。毫无疑问，政府通过签订合同把服务项目转移出去并不意味着万事大吉，下一步要做的更为重要的是加强对合同实施过程的管理。因为，政府是出资者，其购买资金来源于纳税人，因此政府行事时要站在公共利益的角度，通过明晰购买服务项目的要求、规定期限以及购买效果，不断地对项目的实施过程进行实时监控，避免欺诈行为和效率低下的发生。

2. 浦东新区政府着力培育和发展教育市场与社会组织

当前购买教育服务的"卖方"主体主要是教育社会组织。从教育社会组织的性质来划分，为浦东新区政府承担教育服务提供的社会组织共有以下几类：第一类是民办非企业教育中介组织，比如上海福山教育文化传播与管理咨询中心、上海东方之光学前教育管理咨询中心等十余家教育社会组织；第二类是教育社团组织，比如，浦东新区学前教育协会、浦东新区教育学会等；第三类是公办教育事业单位，比如上海外国语大学教育集团、华东师范大学、同济大学等。

从承担教育服务的教育社会组织的区域范围来划分，可分为区域内的教育社会组织和区域外的教育社会组织。区域内的教育社会组织主要指由浦东新区内的优质教育资源母体所催生的教育社会组织，比如竹园教育管理中心、明珠教育管理中心等。区域外的教育社会组织是指上海市成功教育管理咨询中心、华东师范大学、同济大学等浦东新区区域外的优质教育资源。

（1）浦东新区政府进一步健全和完善教育市场

政府购买教育服务的本质在于引入市场机制，政府作为"管"教育者，借助市场机制寻找最适合的"办"教育者和"评"教育者；通过对众多教育社会组织的比较、鉴别和遴选，选择出质优价廉的教育服务生产者。以市场机制、竞争机制来降低政府教育服务供给的成本，提高教育服务供给的质量。

因此，发育比较成熟的市场是政府购买教育服务的限制性条件之一。就目前浦东新区政府购买教育服务的市场状况看，浦东新区政府采用的基本购买模式为非竞争性购买，很少采用招标的方式进行，主要原因之一是教育市场中的社会组织太少，无法形成生产者之间的良性竞争局面，因此，目前还没有形成公平竞争的市场机制。对于教育市场和教育社会组织的发展状况，笔者访谈的多位对象言道：

"现在我国的教育市场还不完善，主要制度建设滞后，有了新规定，但是没有相配套的措施保证制度的贯彻执行。教育市场乱象丛生，尤其是教育培训市场，漫天要价，虚假宣传，有些培训机构竟然能向培训学员保证包过各类考试。这其实反映出社会公众对培训类教育服务需求很大，但是教育培训市场的规范化、制度化、法制化远远滞后，教育市场中的社会组织发育不成熟。"（访谈对象：教育行政部门工作人员，2013 年 11 月 15 日）

"目前教育领域的公私合作很少，主要是能够承接政府剥离的教育服务生产功能的社会组织比较少，而且专业资质薄弱，提供教育产品的能力有限。不过，我们都看到了教育服务公私合作将是教育领域改革的潮流和方向。国家已经开始大力支持各类社会组织的发展，相信未来社会组织参与教育服务提供一定可以提高公众对政府提供教育服务的满意度。"（访谈对象：C 社会组织负责人，2014 年 1 月 12 日）

"我们机构的成员现在手头都有好几个教育评估项目，做都做不完，现在各区县有资质的教育评估机构太少了，只有一两家，根本就没竞争，招标也只是走个过场，把材料交上去就行。"（访谈对象：F 社会组织负责人，2014 年 3 月 5 日）

发展教育市场，建构教育市场中的竞争机制，是政府购买教育服务成功的关键。浦东新区实践过程中，已初步建立了关于政府购买教育服务的各项具体制度。但是随着政府购买教育服务大力推广，现有的购买制度、规则、程序和办法等都有待进一步发展和完善。值得庆幸的是，浦东新区政府已经注意到了上述问题，并在购买教育服务的实践过程中，有意识地去培育教育市场主体的自主性、建立教育服务的价格参照体系、形成教育市场的竞争机制和信息传递机制。

（2）大力培育和发展教育社会组织

最近十年以来，浦东新区政府加大力度培育和发展教育社会组织。从 1994 年至今，浦东共有 26 个教育类社会中介机构成立，2005 年以来成立的就有 16 个，占近三分之二，以公办优质学校为母体催生的有

8 个。①

　　具体而言，首先，浦东新区大力发展社会组织，为政府职能转移找"替身"。浦东新区先后颁布了《关于促进浦东新区民间组织发展的若干意见》《关于着力转变政府职能建立新型政社合作关系的指导意见》等文件，开展了推进政社分开、建立公益服务园区、注重对民间组织的监管等大力培育民间组织的工作。其次，建立政府购买服务机制，将"划桨"的任务交给社会组织。浦东新区要求各职能部门将原来由政府直接举办的，为社会发展和人民日常生活提供服务的事项交给有资质的社会组织来完成，形成了"政府承担、定项委托、合同管理、评估兑现"的提供公共服务的新机制。

（三）社会平衡

1. 浦东新区政府购买教育服务过程中存在腐败风险

（1）政府购买教育服务过程中的自由裁量权带来腐败风险

　　尽管法律、法规限定了政府的作为，但"一个公共官员拥有的自由裁量权，意味着无论对他的权力有怎样有效的限制，他依然具有在作为和不作为的可能系列中作出选择的自由。"② 依据此，政府购买教育服务过程的自由裁量权主要是指教育行政部门或其领导在购买教育服务过程中对购买主体、购买客体、购买内容、购买方式、监督及其评估等所拥有的作为或不作为以及如何作为的选择自由。

　　据笔者所掌握的材料来看，中国政府购买教育服务尚处于"点上试

---

　　① 《上海浦东尝试政府购买教育服务推进均衡优质发展》，2009 年 4 月 20 日，见 http://www.gov.cn/gzdt/2009-04/20/content_1290133.htm。

　　② ［英］米切尔·黑尧：《现代国家的政策过程》，赵成根译，中国青年出版社 2004 年版，第 158 页。

行"阶段，还并没有专门规范政府购买教育服务的法律、政策。这就导致了上海市各区县政府在购买教育服务过程中拥有过大的自由裁量的权力与空间，促使政府购买教育服务的实践各行其是、并不统一。例如，浦东新区政府购买教育服务选择上的确存在很大的自由裁量空间，在合同管理的事前阶段，尤其在购买主体、购买内容和购买方式等方面的选择确定上，教育行政部门决策者拥有很大的自主空间，在决策过程中的人格化现象也比较常见。例如，浦东新区政府选定的购买服务的"卖方"主体性质不一，形态较混乱；在选定委托管理的学校时，也呈现出标准不一现象。在政府委托管理的过程中，也存在一些混乱、无序的状态。

> "当前接受教育托管的学校标准很不统一。我们区也不例外，接受委托管理的学校有些是优质学校、有些是办学质量中等的学校，还有些是教育质量低下的学校。"（访谈对象：Y校长，2014年3月14日）
>
> "在托管的过程中，我们收到的托管经费会和当初签署的合同不同，经费常改变甚至会拖欠。我们公立学校隶属于教育行政部门。即便对教育行政部门的作为不满意，但也敢怒不敢言呀。"（访谈对象：L校长，2014年9月20日）

由上可知，浦东新区政府在教育服务购买中拥有大量的自由裁量权。这可能会带来以下一些腐败风险：例如，以购买教育服务作为名义，将教育服务外包给存在各种利益关联者等；操纵购买教育服务的招标过程，以赢得来自中标者的各种利益反馈；采取虚假购买的方式，分享商业利益。

（2）政府购买教育服务过程中的寻租行为会造成腐败

寻租是政府干预的副产品。租金是无处不在的，它会随着垄断、管制和特权的存在而存在，会随着信息和流动性不对称而产生。寻租有三种类型，具体包括通过政府管制的寻租、在政府合同中的寻租和通过关税和进出配额的寻租。

由于在教育服务购买中存在着大量的"寻租"机会，教育行政部门和教育行政官员在购买教育服务时虽然有一些选择的标准，但是由于标准的不公开，再加上执行者本人以及上级领导对这些标准的忽视和摒弃而进行权权交易或者权钱交易，且由于这种行为具有极大的隐蔽性以及暗箱操作可能性，从而无法得到舆论和公众监督，这种情况极易导致腐败。此外，政府购买教育服务方面的政策、运行机制和保障机制等的严重缺失，更助长了教育服务生产者的寻租行为。

教育服务购买过程中的腐败高发性使得政府必须积极应对，防止腐败成为教育服务购买的"泥沼"。政府应该设计一般的教育服务购买中的惩治和预防腐败措施，提高腐败的机会成本，增加腐败行为的难度。

2. 浦东新区政府购买教育服务可能带来教育服务消费者权益损失

浦东新区目前购买教育服务的"卖方"主体主要是公办品牌学校、教育学会和部分高校等专业机构。当前人们质疑的主要焦点之一是这些机构能否拥有成为购买教育服务"卖方"主体的资质。这其实提出了两方面的问题。问题之一是教育社会组织和教育事业单位是否具备管理能力的问题。目前浦东新区政府主要采取通过城市品牌学校、教育学会和大学等对农村薄弱学校的输出来进行教育服务的购买以及管理。人们对此产生的质疑是：城市品牌学校（大学、教育学会）能否一定会管理好农村薄弱学校呢？就目前情况看，快速移植给城市品牌学校带来了严重的不适性。由于个别学校派出的管理团队只有管理好学校、管理好学生的经验，而对于薄弱学校其管理经验还十分不足，这就会导致在管理中不能针对问题进行对症下药。此外，从文化传播的视角看，政府购买教育服务主要内容之一就是购买城市优质学校。针对农村薄弱学校的优质管理服务，其主要目的是希望通过传播一种新的管理文化的传播，来快速改变农村薄弱学校中出现的问题，比如管理不规范、教师专业发展能力不强等，以求在短时间内能快速并且有效地提升薄弱学校的办学和教育质量。但在购买实践的过程中，往往会出现因农村学校不能适应品牌学校的管理从而导致在新的环境下，品牌学校的管理文化出现水土不服的情况，进而在教育服务购买过程中已经出现了或潜在文化冲突，诸如管理层文化冲突、教学层文化冲突以及校园活动层文化冲突等。因此，从以上购买教育服务的结果来看，无疑对教育服务的直接消费者——学生带来一系列的利益损失，诸如，因教学文化冲突而无法适应改革后的学校教育，进而导致个人知识、能力等的急剧下降；因管理文化的强行植入，导致与农村学校管理文化产生抵触和冲突，进而影响到学生的日常学习、生活等。

问题之二是当公办品牌学校作为购买教育服务的"卖方"主体时，会产生公办学校的教育资源是否被无偿挪用，公立学校的教育消费者所享有的教育资源可能会减少，因此会带来公立学校的教育消费者权益的受损。浦东新区政府购买教育服务还处于起步阶段，区域内的社会专业教育服务中介机构发育还很不充分，特别是一些有管理学校经验的教育机构发育更不完善。出于上述情况的考虑，上海市主要依托一些公办品牌学校推进教育服务的购买活动。这些学校成为教育服务的购买主体之后，一般都是从本校内部选派出管理团队来管理被作为"消费者"主体的学校。另外，这些品牌学校还会充分利用学校资源为"消费者"主体学校教师定期提供培训服务。在购买教育刚刚起步的阶段，作为一种过渡性和暂时性做法，这可以帮助浦东新区政府快速有效提升薄弱学校，不难被人们理解，作为国家的资源，此做法也是属于资源的内部流动。但是，由于上海市目前的教育投入以区县为主，就难逃占用城区资源便宜之嫌。如果从长远发展的角度来看，这种做法是有待商榷的。

（四）合法化

笔者主要从公共教育权力分享的角度探讨相关的风险控制管理，以便获得对于合法性管理的平衡的理解和对待。

浦东新区政府始终将购买教育服务作为政府管理教育，实现教育服务提供高质量和高效益的一种管理工具。对政府购买教育服务的"工具性"理解，促使新区政府将政府购买教育服务看作是政府履行公共服务职能的一种手段与方式，而不是一种目的。浦东新区政府采用购买教育服务的手段是为了达到提高教育服务供给的多样化、高效益的治理目的。在此观念认知下，浦东新区政府以坚守政府的公共性为前提，以不削弱政府的合法性存在为基础，即购买教育服务不能削弱政府的"公共性"责任，不能削弱政府的合法性为存在的前提。

1. 浦东新区在政府购买教育服务中应坚守并肩负起政府的公共性责任

公共性是政府合法性存在的基础，是政府及政府活动必须坚守的根本价值标准。公共性要求政府的一切活动都是为了实现公共利益、公共目标。政府的公共性责任就是政府在制定公共政策的过程中必须坚持政策制定的公平、公正的价值取向，承担实现公共利益和公共目标的职责。

浦东新区政府应肩负起政府的公共性责任，在基础教育阶段的教育服务购买过程中应一直遵循教育公平优先兼顾教育效率的治理价值取向。浦东新区政府可以根据购买教育服务具体形式的制度设计，进一步确定购买教育服务政策的效率和公平价值的取向。浦东新区政府购买"学位"政策通过政府向民办学校购买学生的入学位置，来保障城市外来人口的平等入学权利。但购买管理、课程等单项或几项教育服务、公私协办基础教育设施的案例则优先体现了对教育效率的关注与追求。基础教育是培养公民基本素质的教育，属于公共产品或准公共产品。承担起向社会公众提供优质、高效的基础教育服务的责任是政府公共性的重要体现。在基础教育阶段，政府购买教育服务的制度设计要优先体现教育公平，兼顾教育效率。

为了肩负起政府的公共性责任，浦东新区政府在教育服务购买合同中明确规定，浦东新区政府在教育服务购买中让渡部分教育事务的管理权，教育公共服务供给的最终责任方是浦东新区政府。国外政府购买教育服务政策在实施过程中，由于相关制度没有及时跟上政策实践的进展，在政策实践中出现了政府对基础教育责任的推诿和缺失。浦东新区政府在新一轮政府购买教育服务过程中，要进一步加强政府责任的规范与承担。要通过购买教育服务的监管、评估、质量保障等一系列制度体系的完善，来避免购买教育服务过程中政府对基础教育责任的推诿。

2. 浦东新区政府购买教育服务的制度安排应尽力避免对合法性基础的削弱

政府合法性问题主要是回答政府系统为何在实然和应然方面都应获得社会成员的自愿忠诚和支持的问题。[1] 政府的合法性来源于社会公众的政治支持，而社会公众对政府的政治支持取决于政府是否具有推动本国社会经济发展、实现国家公共利益的执政能力，同时也取决于现有的政府是否是一个民主的、法治的、分权的政府。政府无论实现何种政策

---

① 参见谢庆奎主编：《政府学概论》，中国社会科学出版社 2005 年版，第141 页。

目标，无论采取何种政策工具，都不能有损政府的合法性存在，即政府要保持良好的执政能力，政府应是一个民主的、法治的、分权的政府，获得社会公众的广泛支持。因此，政府合法性存在的基础，要求在制度设计中：第一，政府的核心教育职能不让渡；第二，政府能高效提供的教育职能不让渡或有保留地让渡。

浦东新区政府的核心教育职能不让渡，一是指新区政府要将调控、管理公民社会、市场领域的教育职能保留，以确保政府具有"掌舵"的权力和权威；二是指当公民社会和市场领域出现有损公共利益的行为时，浦东新区政府可以"力挽狂澜"。如新公共管理理论的代言人——奥斯本和盖布勒所言，如果将政府的所有职能都私有化，那么公平、正义、民主、法治等公共价值将不复存在。[①]

浦东新区政府能高效提供的教育职能不让渡或有保留地让渡。浦东新区政府购买教育服务的制度设计和安排，应坚持这样一个前提：凡是政府能高效生产的教育服务就仍由政府来提供。基础教育的公益性特点和政府的公共性本质决定了这种类型的教育服务应该由政府来提供。引入购买教育服务的机制可克服或消除政府垄断性提供基础教育服务的弊端，因此，在基础教育阶段，实施和推广政府购买教育服务具有重要意义和价值。但其采用的广度、深度及在政府提供教育服务中所占的比率则取决于具体的政策环境和不同的教育服务类型。对于浦东新区的基础教育而言，公共性的本质决定了浦东新区政府始终要成为基础教育阶段教育服务的主要生产者，而购买教育服务只是浦东新区政府提供教育服务所采取的一种方式和手段，是浦东新区政府生产教育服务之外的有益补充。

---

① 参见［美］戴维·奥斯本、特德·盖布勒：《改革政府：企业家精神如何改革着公共部门》，周敦仁等译，上海译文出版社2006年版，第18页。

三、对案例的理性反思

大范围的政府购买教育服务的政策试点刚刚起航，浦东新区政府购买教育服务具有可借鉴的有益经验。但从客观的角度看，浦东模式还存在不少问题、面临很多挑战，这都需要学界和实务界给予足够的关注。

（一）合同管理方面

合同管理方面，浦东新区政府应进一步提升政府的购买教育服务合同管理能力。首先，在购买合同的事前管理中，政府所作的管理努力，应包括对购买教育服务的选择、对合作伙伴的选择、对合作方式的选择、对合作目标的设定、对自身管理机制的调整等，这是对教育服务合作递送进行的各项准备工作。从浦东新区政府的购买教育服务实践看，购买的教育服务质量标准不一，购买主体的管理资质差异较大，购买的方式比较单一，购买的模式大都是非竞争性的，购买目标的设定过于宽泛，难以量化，给购买服务的绩效评估带来了很大的困难，在整个教育服务购买过程，浦东新区政府尽管致力于自身职能的转变，但步调相当缓慢，难以配合教育服务购买的进程。因此，在新一轮政府购买教育服务过程中，政府应聚焦购买制度设计、购买行为优化与购买效应放大。具体而言，政府应加快转变政府教育职能的步伐，合理划分和清晰界定教育行政部门的职能；完善政府购买教育服务运行机制和管理模式，促使教育服务购买程序化、规范化、制度化、法治化，尤其是探索适合于购买教育服务的投标机制；建立购买教育服务的财政保障制度。

其次，在购买合同的事中管理中，浦东新区政府要加强自身跟进教育服务购买项目的能力，在整个购买教育服务活动过程中全程追踪，及时与教育社会组织、薄弱学校沟通交流，从而提升购买教育服务的水平与质量。另外，浦东新区政府要注重与教育服务评估机构的合作交流，充分利用教育评估机构的评估信息，审慎选择购买教育服务的合作伙伴。教育服务合同的事中管理还可以借助其他间接的渠道，例如，可以借助教育服务消费者，教育服务消费者是服务的受众，直接受到教育服务质量的影响。教育服务购买的方式不同，未必能够为教育服务消费者提供退出的选择，但是应该为教育服务消费者提供更好的发出声音的机会，使缺乏信息的直接控制转化为教育服务消费者推动的管理者介入，而教育服务消费者实时参与教育服务过程的特征，可以为事中管理提供信息和依据。可以通过建立消费者投诉或调研制度，形成政府了解和约束合作者的重要工具。媒体和研究机构也是可选路径。这些机构具有专业知识、权威和信息披露渠道，可以更有效地发现和揭露教育服务提供中的漏洞和弊端。政府可以主动和相关机构沟通，购买和认可其研究成果，避免走向被动。

再次，在购买合同的事后管理中，主要是在合同到期时对教育社会组织绩效的评估。事后管理并不总是在合同结束的时候进行，根据所评估对象的发展规律，政府组织可采取不同形式的阶段性评估，实现对合作者行为的监控和纠正。这要求浦东新区政府建立将目标实现程度量化的指标体系和定期的指标测量制度，运用多种评估方法对购买客体进行真实、有效的评估。

最后，评估结果也是对公共管理者采取奖励或惩罚措施的依据。评估信息本身对公共管理者具有评价、监督和约束的作用，尤其当合作出现不成功的局面时，评估需要认定公共部门应该承担的责任，公共经理需要承担政策因素外的管理责任。

（二）关系管理方面

关系管理方面，浦东新区政府应通过政府购买教育服务主体角色的分离、定位和分配，不断推进"管、办、评"相分离的教育管理体制的建构。鉴于浦东新区内的社会组织发展薄弱和教育市场的不完善，浦东新区政府从政策、财政、管理等方面加大力度培育和发展教育市场和教育社会组织，积极建构政府—市场—公民社会的合作伙伴关系。但是，我们必须得承认这样的事实，长期稳定的教育服务合作关系的形成，是一个渐进的建构过程。在这一过程中，政府需要科学合理地配置教育行政权力，建立权力边界清晰权责匹配、相互制约、执行有力、接受监督的公共教育权力机制。因此，在"使市场和社会主体有能力或权利参与公共教育服务的供给"并进而形成"政府—市场—公民社会"之间的合作伙伴的新型关系之前，政府应该进一步发展和完善教育市场，大力培育和壮大教育社会组织。因为政府购买教育服务的能力与水平很大程度上取决于市场和社会的发育程度，这决定了它们所能提供的各种政府可资利用的资源和能力。在公共教育服务购买过程中，政府—市场—公民社会三者间的合作互动至关重要，通过三者间的合作互动，政府借此利用在外部存在的教育服务能力，而非国家组织也实现了其价值取向。能否在这个购买教育服务的合作互动过程中，形成对于市场和社会整体的积极效果，形成进一步合作的基础，是市场和社会赋权的目标。除了一般性的市场和社会政策，政府在购买教育服务过程中采取的有目的的政策可以促进对于市场和社会中潜在"卖方"主体的培育，增强而非耗散已有的外部资源。从这个角度看，购买教育服务中的市场和社会效果不是一个静态的事实，政府需要通过运用恰当的购买政策和管理行为，促进市场和社会的发展，从而分享其能力增长带来的红利。如何进一步发展和完善教育市场？如何培育和壮大教育社会组织？本文第三章以及本节第二部分已经详述，在此不再重复。

（三）社会平衡方面

社会平衡方面，浦东新区政府应密切关注由政府购买教育服务带来的消极或负面的外部效应，采取恰当措施，有效防范和化解购买教育服务过程中的风险。

　　浦东新区政府购买教育服务过程存在腐败风险，主要是因为购买教育服务过程中，教育行政部门拥有的大量自由裁量权和寻租行为造成的。此外，浦东新区政府购买教育服务可能带来教育服务消费者权益损失，这主要是由教育社会组织作为购买教育服务"卖方"主体的资质以及可能对公办学校的教育资源存在无偿挪用造成的。对于教育服务合作中社会平衡的问题，浦东新区政府并未予以高度重视。而笔者认为，由政府购买教育服务所带来的利益矛盾和社会不公，可能直接造成教育服务购买的社会和政治障碍，形成不利于教育服务购买的外部环境。政府作为一般的公共教育管理者的角色，以及其推动教育服务购买以获得积极效果的初衷，必须对教育服务购买的负外部效应进行衡量、管理和控制，加强相关政府组织的社会责任建设。因此，笔者建议，浦东新区政府在下一阶段的政府购买教育服务过程中，应积极应对教育服务购买中的腐败问题和教育服务消费者权益损失问题。教育行政部门及其领导拥有的大量自由行政裁量权和寻租是产生腐败的主要原因。因此，惩治和预防腐败也应从这两个方面着手应对。购买教育服务过程中造成的教育服务消费者权益损失，主要原因在于"卖方"主体的管理资质和管理能力。教育服务购买过程中腐败和消费者权益损失，可能会让秉持传统教育服务观念的社会公众更加深了对政府购买服务模式的怀疑与否定。当社会公众对政府购买教育服务模式的负面情绪集聚到一定程度，在合适的契机下，可能会引来教育消费的集体行动，例如可能会造成群体运动、消费者权益运动、集体诉讼等形式的集体行动。为了预防此类集体行动，政府要加强在教育服务购买过程中政府组织与合作者的社会责任建设。政府要在教育重大项目的决策和管理中提供相关消费者的参与渠道。以社区会议，消费者代表恳谈会，对教育协会的咨询、听证等直接民主方式实现的公民决策参与，有助于将教育服务消费者的价值、偏好和意愿吸纳到教育服务购买的决策过程中，减少决策的外生特征，增加对于教育服务购买决策的社会认同。同时由于教育服务购买中各种治理工具的复杂性，政府开辟各种教育服务消费者监督、反馈和投诉的渠道，有助于形成立体监督和制约教育服务生产商的局面。这些参与渠道除了对教育服务的质量控制具有一定程度的实际效果外，也是对教育服务消费者的程序性权利的落实。

（四）合法化方面

合法化方面，浦东新区政府应坚持管理、法律和政治三位一体的价值取向，强化政府购买教育服务的合法性管理。由于公共教育服务是以国家公共教育权力和责任为基础，存在管理、法律和政治三重基本价值的并重。基于实用需要的政府购买教育服务主要突出了新公共管理运动所倡导的价值，即对于有效性、效率性和经济性的重视，而忽视甚至是侵蚀了教育服务供给中的政治和法律价值。在教育服务合作过程中，非公共主体常常分享了公共教育权力，形成对于传统官僚制下高度集中的政府教育行政权能和问责体系的解构。浦东新区政府在购买教育服务过程中始终坚守并肩担起政府的公共性责任。在政府购买教育服务的下一阶段，浦东新区政府应在购买教育服务的制度安排方面尽力避免对合法性基础的削弱。教育服务合作的边界应始终恪守，即坚守教育的公共性价值、根据比较效率选择制度安排、政府的核心教育职能不能让渡。总之，在合法化方面，新区政府购买教育服务不能削弱政府的公共性责任；政府购买教育服务不能削弱政府合法性的基础。另外，浦东新区政府需要推动建立新型的政府—市场—公民社会合作秩序，着力厘清责任归属的转化和分担，实施谨慎的过程控制，宏观控制教育服务合作的发展过程。总而言之，浦东新区政府应加大力度提升政府的合法性，防控购买教育服务带来的风险。

第三节　中国政府购买教育服务的体制思考

根据对中国政府购买教育服务的定性考察结果，中国政府购买教育服务尚处于发展的初级阶段，一个很清晰的发展趋势是中国政府已经逐渐成为政府购买教育服务的推动者和管理者。中国的政府购买教育服务已经进入了一个难以逆转的上升通道。尤其是近几年，政府购买教育服务水平呈现不断增长的趋势。事业单位改革、教育机关的人力资本老化和流动障碍、增长的教育服务需求以及教育市场供给能力的成长等因素，会在今后继续推动政府购买教育服务。

政府购买教育服务不仅仅是利用私人手段来实现公共教育目的的有用工具。由于政府购买教育服务铸就了新的相互依赖关系与权力分享，它重塑了政府的教育公共治理的任务环境，在创造新的激励的同时也带来了新的风险，需要一个在公共管理制度与行为上的适应过程。由于公私伙伴关系提倡平等并实际导致权力分享，单边的权威和政府的支配地位难以维持，因此各级政府对于教育服务购买所表现出来的热情、其潜在的理性以及所采取的控制策略，都值得在中国的环境下进一步分析。

从一个更深层次的角度看，政府购买教育服务的实践为理解中国的渐进改革提供了一个重要的洞见，即在这个过程中所展现出来的政治体制的演化和自我完善。尽管政府购买教育服务可能给国家的自治带来一些挑战，但同时它也服务了国家的合法性建构的需要，即政府通过吸纳外部活动者或利益相关者来扩展其能力。相应地，如其他国家一样，政府教育服务的购买所涉及的领域也逐渐从政府的边缘教育管理职能扩展到较为关键的教育管理职能。可以肯定的是，政府购买教育服务正在成为一个流行和真实的政策选择。

但是在这样一种制度设计下，国家的宏观理性与官员的微观理性往往存在脱节，而后者常常促使官员利用在制度创新中出现的"寻租"机会——教育服务购买正是这样一种情况。中国的政府购买教育服务为政府官员提供了新的自由裁量权，而由于现代公共教育服务体系本身尚不完善，各种不规范的非正式的实践十分普遍，官员的行为缺乏约束，因此尤其需要政府通过加强政治和管理的问责制来平衡这种权力。尽管需求推动下的教育服务外部购买有助于降低其有害的再分配效应，如果精英们肆意滥用这种机会，仍然可能制造出危险的"赢者通吃"的局面，在公共教育服务购买中的一个更严重的问题是腐败。当大量教育财政资金以各种非正式的方式交由外部合作者开销时，腐败的激励是巨大的，而进行监督的成本几乎是无穷大的。当前官员的腐败案件中很大一部分是私人承包商对政府官员的贿赂。对于腐败官员来说，教育服务购买成为他们财富积聚的重要来源。虽然短期内腐败可能刺激教育服务购买的增长，其负面的法律、社会和政治后果，却可能在未来构成对于教育购买，甚至是其他公共服务购买的限制。除去对于个人形式腐败的预防外，国家也要预防在教育服务购买过程中形成的新的政府与其合作者结成的利益集团，防止由于政府和企业合作者之间的紧密利益纽带而形成的"国家俘获"的现象。

结　语

　　本书通过分析地方政府对教育服务公私合作的主要管理领域以及如何在各领域建构政府的行动逻辑和管理手段，力图为当下中国社会的政府购买教育服务的实践展开提供理论依据和实践经验，与此同时，理性反思教育服务公私合作中地方政府管理行为所具有的积极意涵。

　　本书对教育服务公私合作中地方政府管理的探讨，是比较全面的和跨部门的。文章从不同理论视角、问题层面和可能的对策等方面对教育服务公私合作中的地方政府管理进行了梳理和整合。本书综合运用了委托代理理论、交易成本理论以及社会学新制度主义理论，以中国教育服务公私合作为分析对象，以政府对教育服务公私合作的管理为核心问题，以中国正在发生的教育服务公私合作实践为分析背景，从地方政府管理的行为目的和面临风险的属性两个维度出发，提出了当代中国教育服务公私合作中地方政府管理的四个领域即合同管理、关系管理、社会平衡和合法化，并进一步深入探讨了在这些领域如何建构政府的行动逻辑、管理战略与策略。本书对教育服务公私合作中地方政府管理的探讨，试图将管理问题的复杂性和重要性全面揭示出来。文章指出，缺乏相关管理能力的政府不宜在公共教育服务中贸然推行公私合作模式；除非在教育服务公私合作的相关实践领域、程度和方式，都能因地制宜，量力而行。为了揭示以上观点，本书呈现了五个经验研究上的发现：

第一，教育服务的公私合作通常是通过签订合同实现政府与非政府参与者的合作的。合同管理要求建立一个适当的教育服务合同并实现所设定的合同目标。公共教育管理者应该有能力去界定服务的各项标准、发展教育服务合同要约、设计选择承包商的竞争过程、进行合同谈判、监督执行情况、评估合作者绩效，并奖励或惩罚承包商，以实现提高政府公共教育服务供给能力和效果的政策意图。

第二，教育服务公私合作的长期目标是通过关系管理，发展积极稳定的教育服务提供的合作秩序和合作格局。除了合同中设定的短期目标外，教育服务公私合作的长期目标是通过关系管理，赋权给市场和社会，激活市场的和社会的活力，进而发展成熟的教育市场和培育优质的教育社会组织，实现教育服务领域公私制度的接轨，建构起教育服务提供的合作秩序和合作格局。

第三，教育服务公私合作会带来社会平衡的问题，需要政府对教育服务公私合作的负外部效应进行衡量、管理和控制，加强相关政府组织的社会责任建设。换言之，教育服务公私合作会产生各种消极的或是负面的外部效应，即由教育服务合作的决策者或决策组织之外的社会来承担的一些成本。由教育服务公私合作所带来的利益矛盾和社会不公，可能直接造成教育服务公私合作的社会和政治障碍，形成不利于公私合作的外部环境。政府作为一般的公共教育管理者的角色，以及其推动教育服务公私合作以获得积极效果的初衷，使其必须对教育服务公私合作的负外部效应进行衡量、管理和控制，加强相关政府组织的社会责任建设，这在本书中称为教育服务公私合作的社会平衡。社会平衡要求疏导和缓解教育服务领域中的社会矛盾，避免引发社会不稳定性。教育服务合作提供的分配和再分配效应创造了赢家和输家，因此可能被认为是不公正不合理的。教育服务公私合作中的腐败以及教育服务恶化等带来公众和教育服务消费者的抵制。虽然一些教育服务公私合作项目带来的再分配后果是项目本身所期望的，但如果严重的再分配后果缺乏事先预知和预防，可能导致抵制性的集体行动，带来新的社会问题。

第四，教育服务公私合作会给政府的合法性带来挑战，需要政府采取合法化管理。教育服务公私合作的合法化涉及公共教育权的合法性和基本运作方式，与教育服务公私合作中的社会平衡维护公民权利、化解负面社会集体行动的意图不同。教育服务公私合作作为一种新型的教育服务提供模式，并不应该从本质上影响或放弃在公共教育服务上附带的民主与法制的制度价值。合法化是确保在教育服务公私合作的条件下，公共教育权的基本政治和法律价值得以维护，避免教育服务公私合作可能带来的对于国家合法性和公共教育权力合法性的挑战。公私合作对于现代行政秩序的基本挑战在于公私合作导致公私部门的权力分享。教育服务的公私合作可能产生的结果就是公私部门对于公共教育权力的分享。公共教育服务是以国家公共教育权力和责任为基础，存在管理、法律和政治三重基本价值的并重。基于实用需要的公共教育服务公私合作主要突出了新公共管理运动所倡导的价值，即对于有效性、效率和经济性的重视，而忽视甚至是侵蚀了公共教育服务供给中的政治和法律价值。在教育服务公私合作过程中，非公共主体常常分享了公共教育权力，在公共教育权力分享过程中产生的不当公共教育权力授予、对公共教育服务基本价值的损害、政府空心化和高度外部依赖、公共问责性的模糊与丢失等问题都会对政府合法性形成挑战。教育服务公私合作的合法化需要政府实施整体的管理方案。这既包括对于公共教育权力合法性观念的塑造，也包括在具体时间中的风险规避。解决教育服务公私合作对于合法性秩序的冲击没有灵丹妙药，必须在长期的实践中形成合乎实际的安排或惯例。

第五，本书研究发现教育服务合作提供不仅仅是利用私人手段来实现公共教育目的的有用工具，而且是我国政治体制演化和自我完善的展现和表征。因为教育服务合作提供铸就了新的相互依赖关系与权力分享，它重塑了政府的教育公共治理的任务环境，在创造新的激励的同时也带来了新的风险，需要一个在公共管理制度与行为上的适应过程。从一个更深层次的角度看，教育服务合作提供的实践为理解中国的渐进式改革提供了一个重要的洞见，即在这个过程中所展现出来的政治体制的演化和自我完善。

根据中国教育服务公私合作的定性考察结果，我们发现，虽然中国教育服务公私合作尚处于发展的初级阶段，但是一个很清晰的发展趋向是中国政府已经逐渐成为一系列教育服务公私合作的推动者和管理者。中国教育服务公私合作已经进入了一个难以逆转的上升通道。尤其是近几年，教育服务公私合作水平呈现不断增长的趋势。教育事业单位改革、教育机关的人力资本老化和流动障碍、增长的教育服务需求以及教育市场供给能力的成长等因素，会在今后继续推动教育服务的公私合作。教育服务的公私合作为我们带来了一些别样的思考。

第一，理性审视教育服务公私合作的积极意涵。教育服务的公私合作不仅仅是利用私人手段来实现公共教育目的的有用工具。由于教育服务公私合作铸就了新的相互依赖关系与权力分享，它重塑了政府的教育公共治理的任务环境，在创造新的激励的同时也带来了新的风险，需要一个在公共教育管理制度与行为上的适应过程。由于公私合作伙伴关系提倡平等并实际导致权力分享，单边的权威和政府的支配地位难以维持，因此各级政府对于教育服务公私合作所表现出来的热情，其潜在的理性，以及所采取的控制策略，都值得在中国的环境下进一步分析。

从一个更深层次的角度看，中国教育服务的公私合作实践为理解中国的渐进式改革提供了一个重要的洞见，即在这个过程中所展现出来的政治体制的演化和自我完善。尽管公私合作可能给国家的自治带来一些挑战，但它也同时服务了国家的合法性建构的需要，即政府通过吸纳外部活动者或利益相关者来扩展其能力。可以肯定的是，不仅仅是公共教育服务的公私合作，甚至是更大范围的其他公共服务的公私合作也正在成为一个流行和真实的政策选择。

第二，谨慎应对教育服务公私合作所带来的风险挑战。一个不可避免的问题是，尽管存在各种潜在的收益，教育服务公私合作过程中获得权力分享的市场经济和公民社会，可能形成对于政治体制的挑战。由于中国教育服务公私合作发展的特殊路径，在短期内这种负面影响很难成为实际挑战。教育服务的公私合作通常是通过在地方政府与非政府部门之间签订教育服务合同，实际上帮助建立了新的联系，形成了新的顾客关系。在当下中国的这些教育服务公私合作活动中，由于市场机制不完善以及政府在公私合作的管理上缺乏经验能力，只有较少部分是通过竞争性投标实现的。以中国最现代化的上海浦东新区为例，浦东新区政府购买的教育服务，主要是通过邀请投标和其他非竞争性的、不太正式的方式来完成交易，实现政府购买教育服务的。中国的许多教育服务提供者往往是因为他们和政府机构以及官员的各种联系来获得政府的教育服务合同。这很好地解释了准公共准私人组织的兴起，即很多组织具有公共和私人组织的特征。无疑，以非正式方式建立的伙伴关系可以带来许多实际的优势，例如可以利用已有的社会资本和减少交易成本。在一些学者看来，这是中国的经济转型取得很大成功的一个原因。

但是在这样一种制度设计下，国家的宏观理性与官员的微观理性往往存在脱节，而后者常常促使官员利用在制度创新中出现的寻租机会——教育服务公私合作正是这样一种情况。中国的教育服务公私合作为政府官员提供了大量的新的自由裁量权，而由于现代公共教育服务体系本身尚不完善，各种不规范的非正式实践十分普遍，官员的行为缺乏约束，因此尤其需要政府通过加强管理的问责制来平衡这种权力。尽管需求推动下的教育服务公私合作有助于降低其有害的再分配效应，如果精英们肆意滥用这种机会结构，仍然可能制造出危险的"赢者通吃"的局面。在公共教育服务公私合作中的一个更严重的问题是腐败。当大量教育财政资金以各种非正式的方式交由外部教育服务合作者开销时，腐败的激励是巨大的，而进行监督的成本几乎是无穷大的。当前官员的腐败案件中很大一部分是私人承包商对政府官员的贿赂。对于腐败官员来说，教育服务公私合作成为他们财富积聚的重要来源。虽然短期内腐败可能刺激教育服务公私合作的增长，其负面的法律、社会和政治后果，却可能在未来构成对于教育服务公私合作，甚至是其他公共服务公私合作的限制。除去对于个人形式腐败的预防外，国家也要预防在教育服务公私合作过程中形成的新的政府与其合作者结成的利益集团，防止由于政府与其合作者之间的紧密利益纽带而形成的"国家俘获"的现象。

参考文献

一、著作类

[1] [英] 斯蒂芬·J.鲍尔：《教育改革——批判和后结构主义的视角》，侯定凯译，华东师范大学出版社 2002 年版。

[2] [美] 麦克·巴泽雷：《突破官僚制：政府管理的新愿景》，孔宪遂译，中国人民大学出版社 2002 年版。

[3] [美] B.盖伊·彼得斯：《政府未来的治理模式》，吴爱明、夏宏图译，中国人民大学出版社 2001 年版。

[4] [美] B.盖伊·彼得斯：《官僚政治》（第五版），聂露、李姿兹译，中国人民大学出版社 2006 年版。

[5] [德] 沃尔夫冈·布列钦卡：《教育科学的基本概念：分析、批判和建议》，胡劲松译，华东师范大学出版社 2001 年版。

[6] [澳] 约翰·S.德雷泽克：《协商民主及其超越：自由与批判的视角》，丁开杰等译，中央编译出版社 2006 年版。

[7] [美] 威廉·N.邓恩：《公共政策分析导论》（第二版），谢明等译，中国人民大学出版社 2002 年版。

[8] [美] 罗伯特·B.登哈特：《公共组织理论》（第三版），扶松茂等

译，中国人民大学出版社 2003 年版。

[9][美] 珍妮特·V. 登哈特等：《新公共服务——服务，而不是掌舵》，丁煌译，中国人民大学出版社 2004 年版。

[10][挪威] 波·达林：《理论与战略：国际视野中的学校发展》，范国睿等译，教育科学出版社 2002 年版。

[11][美] 詹姆斯·W. 费斯勒、唐纳德·F. 凯特尔：《公共行政学新论：行政过程的政治》，陈振明等译，中国人民大学出版社 2013 年版。

[12][美] 查尔斯·J. 福克斯、休·T. 米勒：《后现代公共行政：话语指向》，楚艳红等译，中国人民大学出版社 2002 年版。

[13][美] 乔治·弗雷德里克森：《公共行政的精神》，张成福等译，中国人民大学出版社 2013 年版。

[14][加] 迈克尔·富兰：《变革的力量——透视教育改革》，中央教育科学研究所、加拿大多伦多国际学院译，教育科学出版社 2000 年版。

[15][加] 迈克尔·富兰：《教育变革新意义》(第三版)，赵中建译，教育科学出版社 2005 年版。

[16][美] 米尔顿·弗里德曼：《资本主义与自由》，张瑞玉译，商务印书馆 2001 年版。

[17][英] 诺曼·弗林：《公共部门管理》，曾锡环等译，中国青年出版社 2004 年版。

[18][美] 斯蒂芬·戈德史密斯、威廉·D. 埃格斯：《网络化治理》，孙迎春译，北京大学出版社 2008 年版。

[19][美] 小威廉·T. 格姆雷、斯蒂芬·J. 巴拉：《官僚机构与民主——责任与绩效》，复旦大学出版社 2007 年版。

[20][英] 弗里德里希·奥古斯特·哈耶克：《通往奴役之路》，王明毅

等译，中国社会科学出版社 1997 年版。

[21][美]尼古拉斯·亨利:《公共行政与公共事务》，张昕等译，中国人民大学出版社 2002 年版。

[22][英]米切尔·黑尧:《现代国家的政策过程》，赵成根译，中国青年出版社 2004 年版。

[23][英]杰夫·惠迪、萨莉·鲍尔、大卫·哈尔平:《教育中的放权与择校：学校、政府和市场》，马忠虎译，教育科学出版社 2003 年版。

[24][德]康何锐:《市场与国家之间的发展政策：公民社会组织的可能性与界限》，隋学礼译，中国人民大学出版社 2009 年版。

[25][美]戴维·T.康利:《谁在管理我们的学校——变化中的角色和责任》，侯定凯译，华东师范大学出版社 2004 年版。

[26][美]史蒂文·科恩、威廉·艾米克:《新有效公共管理者》(第二版)，王巧玲译，中国人民大学出版社 2001 年版。

[27][美]唐纳德·凯特尔:《权力共享：公共治理与私人市场》，孙迎春译，北京大学出版社 2009 年版。

[28][美]T.S.·库恩:《科学革命的结构》，金吾伦等译，上海科学技术出版社 1980 年版。

[29][美]菲利普·库珀:《合同制治理——公共管理者面临的挑战与机遇》，竺乾威等译，复旦大学出版社 2007 年版。

[30][加]莱文:《教育改革——从启动到成果》，项贤明等译，教育科学出版社 2004 年版。

[31][美]拉塞尔·M.林登:《无缝隙政府：公共部门再造指南》，汪大海等译，中国人民大学出版社 2002 年版。

[32][美]约翰·罗尔斯:《正义论》，何怀宏等译，中国社会科学出版社 1988 年版。

［33］［英］马尔科姆·卢瑟福：《经济学中的制度：老制度经济学和新制度经济学》，陈建波等译，中国社会科学出版社 1999 年版。

［34］［英］约翰·洛克：《政府论（二）》，杨思派译，九州出版社 2007 年版。

［35］［美］戴维·H.罗森布鲁姆、罗伯特·S.克拉夫丘克：《公共行政学：管理、政治和法律的途径》，张成福等译，中国人民大学出版社 2002 年版。

［36］［美］詹姆斯·N.罗西瑙：《没有政府的治理》，张胜军等译，江西人民出版社 2001 年版。

［37］［澳］西蒙·马金森：《教育市场论》，金楠等译，浙江大学出版社 2008 年版。

［38］［美］迈克尔·麦金尼斯：《多中心体制与地方公共经济》，毛寿龙译，上海三联书店 2000 年版。

［39］［法］埃德加·莫兰：《复杂性思想导论》，陈一壮译，华东师范大学出版社 2008 年版。

［40］［美］丹尼斯·C.缪勒：《公共选择理论》，张军译，三联书店上海分店 1993 年版。

［41］［美］丹尼斯·C.穆勒：《公共选择》，杨军译，中国社会科学出版社 2002 年版。

［42］［美］道格拉斯·C.诺思：《制度、制度变迁和经济绩效》，杭行译，格致出版社、上海三联书店、上海人民出版社 2008 年版。

［43］［美］曼瑟尔·奥尔森：《集体行动的逻辑》，陈郁等译，上海人民出版社 2011 年版。

［44］［美］戴维·奥斯本：《摒弃官僚制：政府再造的五项战略》，谭功荣译，中国人民大学出版社 2002 年版。

［45］［美］奥斯本、盖布勒：《改革政府：企业家精神如何改革着公共

部门》，周敦仁等译，上海译文出版社 2006 年版。

［46］［美］伦恩伯格、奥斯坦：《教育管理学——理论与实践》，孙志军等译，中国轻工业出版社 2004 年版。

［47］［美］丽莎·乔丹：《非政府组织问责：政治、原则与创新》，康晓光等译，中国人民大学出版社 2008 年版。

［48］［美］约翰·E.丘伯、泰力·M.默：《政治、市场和学校》，蒋衡等译，教育科学出版社 2003 年版。

［49］［美］E.S.萨瓦斯：《民营化与公私部门的伙伴关系》，周志忍等译，中国人民大学出版社 2002 年版。

［50］［德］魏伯乐、［美］奥兰·扬、［瑞士］马塞厄斯·芬格：《私有化的局限》，周缨等译，上海人民出版社 2006 年版。

［51］［澳］欧文·E.休斯：《公共管理导论》（第二版），彭和平等译，中国人民大学出版社 2001 年版。

［52］陈向明：《质的研究方法与社会科学研究》，教育科学出版社 2000 年版。

［53］陈玉琨：《走进 21 世纪的中国中学教育：中国中学办学的实践》，华东师范大学出版社 2000 年版。

［54］陈永明：《教育行政新论》，华东师范大学出版社 2002 年版。

［55］陈振明：《竞争型政府：市场机制与工商管理技术在公共部门管理中的应用》，中国人民大学出版社 2006 年版。

［56］陈振明：《政府工具导论》，北京大学出版社 2009 年版。

［57］程方平：《中国教育问题报告：入世背景下中国教育的现实问题和基本对策》，中国社会科学出版社 2002 年版。

［58］褚宏启：《教育现代化的路径》，教育科学出版社 2000 年版。

［59］丁元竹：《非政府公共部门与公共服务：中国非政府公共部门服务状况研究》，中国经济出版社 2005 年版。

［60］何增科：《公民社会与民主治理》，中央编译出版社2007年版。

［61］贺武华：《新自由主义主导下的学校重建研究》，光明日报出版社 2008年版。

［62］胡鞍钢等：《当代中国社会稳定问题报告》，红旗出版社2009 年版。

［63］黄晓勇：《中国民间组织报告（2009—2010）》，社会科学文献出 版社2009年版。

［64］黄晓东：《社会资本与政府治理》，社会科学文献出版社2011 年版。

［65］经济合作与发展组织：《分散化的公共治理：代理机构、权力主体 和其他政府实体》，中信出版社2004年版。

［66］句华：《公共服务中的市场机制：理论、方式与技术》，北京大学 出版社2006年版。

［67］劳凯声：《变革社会中的教育权与受教育权》，教育科学出版社 2003年版。

［68］《马克思恩格斯全集》（第26卷），人民出版社1972年版。

［69］李维民：《民办教育的回顾与展望》，陕西出版集团、陕西人民出 版社2010年版。

［70］刘复兴：《教育政策的价值分析》，教育科学出版社2003年版。

［71］马骏、叶丽娟：《西方公共行政学理论前沿》，中国社会科学出版 社2004年版。

［72］马骏、张成福、何艳玲：《反思中国公共行政学：危机与重建》， 中央编译出版社2009年版。

［73］毛寿龙：《政府治理模式创新研究》，中国税务出版社2009年版。

［74］彭澎：《政府角色论》，中国社会科学出版社2002年版。

［75］乔翅章：《政府理论》，苏州大学出版社2000年版。

［76］孙柏瑛：《当代地方治理：面向 21 世纪的挑战》，中国人民大学出版社 2004 年版。

［77］王名：《中国民间组织 30 年：走向公民社会》，社会科学文献出版社 2008 年版。

［78］王浦劬、［美］萨拉蒙：《政府向社会组织购买公共服务研究：中国与全球经验分析》，北京大学出版社 2010 年版。

［79］魏志春：《公共事业管理》，上海教育出版社 2004 年版。

［80］文东茅：《走向公共教育：教育民营化的超越》，北京大学出版社 2008 年版。

［81］谢庆奎：《当代中国政府与政治》，高等教育出版社 2003 年版。

［82］俞可平：《治理与善治》，社会科学文献出版社 2000 年版。

［83］俞可平：《中国公民社会的兴起与治理的变迁》，社会科学文献出版社 2002 年版。

［84］杨欣：《民营化的行政法研究》，知识产权出版社 2008 年版。

［85］郑永年：《中国模式：经验与困局》，浙江人民出版社 2010 年版。

［86］上海市浦东教育发展局：《中国教育改革前沿报告——浦东新区教育公共治理结构与服务体系研究》，上海教育出版社 2009 年版。

［87］《中华人民共和国政府采购法》，中国法制出版社 2014 年版。

二、期刊、报纸类

［1］贝磊：《当前世界范围内私立教育发展趋势——教育民营化的问题及相关政策》，《外国教育资料》1997 年第 3 期。

［2］鲍传友：《公共选择理论视野下的教育公共品供给问题分析》，《教育理论与实践》2008 年第 4 期。

［3］鲍劲翔：《论财政教育支出效率与公共教育服务政府采购》，《中国

政府采购》2005 年第 1 期。

[4]蔡岚:《合作治理:现状和前景》,《武汉大学学报(哲学与社会科学版)》2013 年第 3 期。

[5]陈庆云:《公共管理研究中的若干问题》,《中国人民大学学报》2001 年第 1 期。

[6]陈洁:《发展教育中介组织的若干思考》,《教育发展研究》2004 第 8 期。

[7]褚宏启:《政府与学校的关系重构》,《教育科学研究》2005 年第 1 期。

[8]陈华:《第三部门的功能、困境与发展路径》,《求索》2007 年第 3 期。

[9]陈振明:《公共服务提供机制专题研究引言》,《东南学术》2008 年第 1 期。

[10]程介明:《高等教育发展的新趋势:公私合作的政策选择》,《教育发展研究》2009 年第 11 期。

[11]程倩:《以服务型政府建设推动社会管理创新》,《中国行政管理》2012 年第 8 期。

[12]邓国胜:《构建我国非营利组织的问责机制》,《中国行政管理》2003 年第 3 期。

[13]党秀云:《公共治理的新策略:政府与第三部门的合作伙伴关系》,《中国行政管理》2007 年第 10 期。

[14]邓国胜:《公共服务提供的组织形态及其选择》,《中国行政管理》2009 年第 9 期。

[15]丁元竹:《中国社会管理的理论建构》,《学术月刊》2008 年第 2 期。

[16]高树显、吴华:《我国教育领域的公私合作伙伴关系审视》,《教育

发展研究》2010 年第 8 期。

[17]郭小聪、文明超:《合作中的竞争:非营利组织与政府的新型关系》,《公共管理学报》2004 年第 1 期。

[18]郭小聪、聂勇浩:《服务购买中的政府与非营利组织关系:分析视角及研究方向》,《中山大学学报(社会科学版)》2013 年第 4 期。

[19]何鹏程、宋懿深:《教育公共服务的理论探讨》,《教育发展研究》2008 年第 9 期。

[20]胡耀宗:《基本公共服务均等化视阈下的义务教育政策选择》,《清华大学教育研究》2009 年第 6 期。

[21]胡伶:《教育社会组织发展及其中的政府行为研究——基于部分区域抽样调查的分析》,《教育发展研究》2010 年第 7 期。

[22]金太军:《第三部门与公共管理》,《江苏社会科学》2002 年第 6 期。

[23]靳希斌:《论教育服务及其价值》,《教育研究》2003 年第 1 期。

[24]贾西津:《中国公民社会发育的三条路径》,《中国行政管理》2003 年第 3 期。

[25]敬乂嘉:《中国公共服务外部购买的实证分析——一个治理转型的角度》,《管理世界》2007 年第 2 期。

[26]句华:《公共服务合同外包的适用范围:理论与实践的反差》,《中国行政管理》2010 年第 4 期。

[27]劳凯声:《教育市场的可能性及其限度》,《北京师范大学学报(社会科学版)》2005 年第 1 期。

[28]李学:《不完全契约、交易费用与治理绩效——兼论公共服务市场化供给模式》,《中国行政管理》2009 年第 1 期。

[29]厉以宁:《关于教育产业化的几个问题》,《北京成人教育》1999 年第 7 期。

［30］林希斌：《"公共性"视角下政府行政人员的角色定位》,《常熟理工学院学报》2005 年第 5 期。

［31］刘淑华：《教育分权内涵再探》,《高等教育研究》2008 年第 11 期。

［32］马庆钰：《公共服务的几个基本理论问题》,《中共中央党校学报》2005 年第 1 期。

［33］彭少峰、张昱：《政府购买公共服务：研究传统及新取向》,《学习与实践》2013 年第 6 期。

［34］阮成武：《论社会建设中的政府教育职能》,《中国教育学刊》2009 年第 3 期。

［35］孙柏瑛：《公共性：政府财政活动的价值基础》,《中国行政管理》2001 年第 1 期。

［36］孙洁：《在高等教育改革中如何采用 PPP 管理模式》,《财政研究》2007 年第 3 期。

［37］谈松华：《深化教育改革需要制度创新》,《中国教育学刊》2009 年第 1 期。

［38］田凯：《非协调约束与组织运作：一个研究中国慈善组织与政府关系的理论框架》,《中国行政管理》2004 年第 5 期。

［39］王家林：《立法要考虑国情》,《中国财经报》2001 年 2 月 6 日。

［40］汪锦军：《政府与非营利组织合作的条件：三层次的分析框架》,《浙江社会科学》2012 年第 11 期。

［41］王华：《治理中的伙伴关系：政府与非政府组织间的合作》,《云南社会科学》2003 年第 3 期。

［42］王乐夫、陈干全：《我国政府公共服务民营化存在问题分析——以公共性为研究视角》,《学术研究》2004 年第 3 期。

［43］王名、乐园：《中国民间组织参与公共服务购买的模式分析》,《中共浙江省委党校学报》2008 年第 4 期。

［44］王卫：《城市治理中的公私伙伴关系：一个街道公共服务外包的实证研究》,《广东社会科学》2010 年第 3 期。

［45］王文英：《试论政府采购合同的性质》,《行政法学研究》2003 年第 3 期。

［46］王艳玲：《"教育行动区"计划——英国改造薄弱学校的有效尝试》,《全球教育展望》2004 年第 9 期。

［47］吴景松：《西方公共教育治理范式变革及其启示》,《中国教育学刊》2010 年第 11 期。

［48］杨金亮：《探索公私部门在终身教育、职业教育和高等教育领域的新型伙伴关系》,《教育与职业》2005 年第 22 期。

［49］殷家明等：《我国政府采购制度研究》,《财政研究》1999 年第 2 期。

［50］湛中乐、杨君佐：《政府采购基本法律问题研究（上）》,《法制与社会发展》2001 年第 3 期。

［51］湛中乐、杨君佐：《政府采购基本法律问题研究（下）》,《法制与社会发展》2001 年第 4 期。

［52］张康之：《合作治理是社会治理变革的归宿》,《社会科学》2012 年第 3 期。

［53］张汝立、陈书洁：《西方发达国家政府购买社会公共服务的经验和教训》,《中国行政管理》2010 年第 11 期。

［54］张维迎：《所有制、治理机构及委托—代理关系》,《经济研究》1996 年第 9 期。

［55］周光礼：《论教育中介组织的法律地位》,《高等工程教育研究》2006 年第 5 期。

［56］周雪光、练宏：《政府内部上下级部门之间谈判的一个分析模型——以环境政策实施为例》,《中国社会科学》2011 年第 5 期。

[57]朱玉知:《契约伦理与公共行政精神——公共合同有效治理的两个维度》,《四川行政学院学报》2008年第4期。

[58]陈帆:《基于契约关系的PPP项目治理机制研究》,博士学位论文,中南大学,2010年。

[59]陈龙:《当代中国医疗服务公私合作研究》,博士学位论文,云南大学,2013年。

[60]张振改:《教育政策的限度研究》,博士学位论文,华东师范大学,2006年。

[61]周翠萍:《我国政府购买教育服务的政策研究》,博士学位论文,华东师范大学,2011年。

[62]周徐红:《教育领域社会专业组织发展研究——以上海浦东新区为例》,硕士学位论文,上海交通大学,2007年。

[63]《中共中央关于全面深化改革若干重大问题的决定》,《人民日报》2013年11月16日。

[64]《上海浦东尝试政府购买教育服务推进均衡优质发展》,《文汇报》2009年4月20日。

[65]张志勇:《教育"治理"辨析》,2014年3月5日,见http://www.qstheory.cn/kj/jyll/201403/t20140305_327290.htm。

三、外文类

[1]Bovaid T., "Public-Private Partnership: From contested Concepts to Prevalent Practice", *International Review of Administrative Science*, 2004.

[2]Levin H.M., "Education as a Public and Private Good", *Journal of Policy Analysis and Management*, Vol.12, No.6 (1987).

［3］Nutavool Pongsiri，"Regulation and Public-private Partnerships"，*The International Journal of Public Sector Managenment*，Vol.15，No. 2（2002）.

［4］Benjamin Perez，*United Nations Institute for Training and Research（UNITAR）*，PPP For Sustainable Development，New York，2002.

［5］Rifkin，"S.B.A.Framework Linking Community Eempowerment and Health Equity：It is a Matter of Choice"，*Joural of Health Population and Nutrition*，No. 2（2003）.

后　记

这本冠以《中国教育服务公私合作研究——基于地方政府管理的视角》名称的书，是在我博士学位论文的基础上修改撰写完成的。任何具有生命力和鲜明时代特色的理论研究，都是对其所处时代重大社会实践的总结，也是对实践问题和要求的回应。近年来，中国各级政府通过公私合作尤其是政府以购买方式提供教育服务的案例逐渐增多。随着实践的展开，也出现了许多失败的或者有争议的教育服务公私合作的案例。多年的公共管理知识熏陶，使我一直迫切希望能从学理上探究这一突出的社会现实问题，从学术上提出一些有益的主张。正是基于这样的认识和判断，我对国内教育服务公私合作案例和实践进行了深入考察，结果发现，几乎所有教育服务公私合作模式的成功实践均有一个共同的特点：政府部门的优惠政策是吸引非政府部门或个人参与合作的必要条件，也是实现教育服务公私合作的关键所在。在中国当前体制下，教育服务的公私合作很难自发产生，展现出依赖政府推动和管理的发展路径。换句话说，当代中国教育服务公私合作中的政府管理问题已成为教育服务公私合作能否成功实现、能够有效、高效的关键所在。政府管理问题已经上升为教育服务公私合作的核心问题。在教育服务的公私合作日益剧增的今天，探讨地方政府管理教育服务公私合作的领域及能力显得尤为迫切。

从教育服务公私合作的本质看，政府管理也理应成为关注焦点。教育服务公私合作的逻辑起点源于公共教育服务提供中主体角色可分离以及政府与市场和社会的分工合作理念。教育服务公私合作是将政府通过民主政治过程确定公共偏好和获取资源的优势与市场或社会组织的生产服务的优势相结合，实现三者的优势互补，有效合作。教育服务的公私合作实质上是政府组织的一种边界扩展行为。通过缔结教育服务合同或其他市场手段，政府与以前仅仅存在垂直性的一般社会管理关系的非政府主体间建构了水平性的合作关系，借此将活动领域拓展到了政府组织本身具备的能力之外。教育服务公私合作创造了新的任务环境，需要政府发展和建设新的能力，去掌握和控制教育服务合作提供的过程，以对教育服务公私合作实施有效的管理。从这个意义上讲，政府对教育服务合作提供的潜在问题的认识以及处理这些问题的战略，将决定它是否能够成功地实施教育服务的合作提供。此外，教育服务的合作提供并非万灵药；相反，政府在试图利用非政府部门来实现公共教育目的的时候，同时也带来了新的成本、风险和不确定性。对主要限制性因素的理解、转化和消解，是实现教育服务合作提供的政策和管理意图的必要前提，它要求政府在政策和管理实践中发展对教育服务合作提供进行有效管理的能力。教育服务公私合作是一种新型的公共教育管理模式，有待学术界给予更多的重视和关注。

尽管围绕一个值得探索的社会实践问题，我读了一批书、做了一份独立的思考，但坦率地说，我对眼前的这本专著不甚满意。本专著仅仅完成了对当代中国教育服务公私合作中地方政府管理的四个领域（合同管理、关系管理、社会平衡和合法化）如何建构政府的行动逻辑、管理战略与策略的论述，而缺乏了更丰富更充实的事实的验证。不断完善对当代中国教育服务公私合作的探索，尤其是对政府、市场与社会组织通过合作而实现的公共秩序和服务的提供深入研究，将是我更愿意为之思考的学术目标。

借此难得的机会，我要诚挚地感谢我的导师罗崇敏教授。罗老师的人格魅力，在于他内在的文化、价值观的感召力和思想的引领性！感谢我的学业指导老师崔运武教授给了我比较整合扎实的公共管理学基础理论的训练。感谢周平教授和方盛举教授学术上给我的深刻影响和对我多方面的引导、关心和支持。感谢第一个把我带入学术领域的启蒙老师——我的硕士研究生导师巩建华教授对我专业发展的关心、敦促和支持。感谢云南省教育厅黄云刚主任、张伟老师、刘浩老师在写作及调研过程中给予我的帮助与支持。感谢公共管理学院 12 级博士班同学们对我的支持和帮助，尤其要谢谢王肖静、温曼、宋瑞琛、王超品、李朝辉、吕朝辉、张辉、李维宇、毛明明等博士在论文撰写过程中给予我的帮助。感谢所有关爱我、帮助我的家人和朋友。本书的写作参考和汲取了学术界很多优秀成果，对其作者我表示衷心感谢，恕不一一具名列出。此外，十分感谢人民出版社，尤其是本书责任编辑贺畅女士，她为本书付梓提供了极为宝贵的机会。

人生不是一场物质盛宴，而是一次灵魂修炼。在生命旅程中，我将继续用真理和智慧丰满自我的人生，修炼自己的灵魂，不断追寻生命的高贵与尊严！

刘青峰

2018 年 10 月于昆明

责任编辑:贺　畅
文字编辑:张双子

图书在版编目(CIP)数据

中国教育服务公私合作研究:基于地方政府管理的视角/刘青峰 著. —
　北京:人民出版社,2019.3
ISBN 978－7－01－020213－6

Ⅰ.①中… Ⅱ.①刘… Ⅲ.①地方教育-办学模式-研究-中国
Ⅳ.①G527

中国版本图书馆 CIP 数据核字(2018)第 287778 号

中国教育服务公私合作研究

ZHONGGUO JIAOYU FUWU GONGSI HEZUO YANJIU
——基于地方政府管理的视角

刘青峰　著

人民出版社 出版发行
(100706　北京市东城区隆福寺街 99 号)

北京教图印刷有限公司　　新华书店经销

2019 年 3 月第 1 版　　2019 年 3 月北京第 1 次印刷
开本:710 毫米×1000 毫米 1/16　印张:16.5
字数:205 千字

ISBN 978－7－01－020213－6　定价:63.00 元

邮购地址 100706　北京市东城区隆福寺街 99 号
人民东方图书销售中心　电话 (010)65250042　65289539